AF452734

VOYAGE

PITTORESQUE

AUX ILES HÉBRIDES

AVEC UN TEXTE EXPLICATIF ET VINGT-CINQ VUES DESSINÉES SUR LES LIEUX

PAR C. L. F. PANCKOUCKE

L'ILE
DE STAFFA

ET SA GROTTE BASALTIQUE

DESSINÉES ET DÉCRITES

PAR C. L. F. PANCKOUCKE

CHEVALIER DE LA LÉGION-D'HONNEUR
ASSOCIÉ CORRESPONDANT DE LA SOCIÉTÉ DES ANTIQUAIRES D'ÉDIMBOURG
DE L'ACADÉMIE D'ARCHÉOLOGIE DE ROME.

PARIS

IMPRIMERIE DE C. L. F. PANCKOUCKE
RUE DES POITEVINS, N° 14
M DCCC XXXI.

DESCRIPTION

DE

L'ILE DE STAFFA

ET DE SA GROTTE BASALTIQUE.

———

Après avoir traversé toute l'Angleterre, visité Edimbourg et les lieux voisins, si bien décrits par le chantre de la Dame du Lac, qu'ils nous sont mieux connus que les environs de
nos villes, nous avions le plus grand désir de nous rendre à Staffa, ce palais gigantesque
d'Ossian, placé par la nature au milieu des flots et de toutes les tempêtes d'une mer dont
le courroux s'apaise rarement.

Nous nous étonnions que Walter Scott n'eût pas aussi décrit cette île extraordinaire,
et qu'un peintre si habile, dont la touche magique a embelli des lieux qui n'ont souvent
de remarquable que les tableaux du poète écossais, n'eût placé aucune de ses scènes ni
à l'île de Sky, dans son immense grotte d'albâtre, ni à l'île de Staffa, près de ses noires
colonnes de basalte, ni à l'île d'Iona, si célèbre par la retraite de saint Colomba, par son
université, par son abbaye et par les sépultures de tant de rois; Iona, qui servit de re-
fuge et d'asile aux sciences et aux lettres, lorsque les Barbares, sortis des forêts de la Ger-
manie, bouleversaient la Gaule, l'Italie et l'Angleterre.

J'ai visité ces trois îles avec soin; j'en ai dessiné les sites avec une exactitude scrupuleuse,
et comme un amateur qui, craignant de s'égarer, copie fidèlement ce qu'il voit.

La route que nous suivîmes, en sortant d'Edimbourg, offre beaucoup d'intérêt. Nous descendîmes la Clyde sur le bateau à vapeur *la Fille de Morven :* nous rencontrions à chaque

moment des vaisseaux qui, se croisant en tous sens, établissent des rapports de commerce entre Glasgow et Edimbourg, entre ces deux villes et le monde entier. Nous saluâmes le château de Dumbarton, qui domine la rivière du haut de son rocher inaccessible ; et, après avoir suivi la Clyde jusqu'à son embouchure, nous passâmes devant les lochs Gair, Long, Holy, vastes golfes qui se prolongent dans l'intérieur des terres, et y forment des espèces de lacs d'eau salée. Laissant à notre droite l'île de Cambray, nous entrâmes dans le détroit qui sépare l'île de Bute de la grande presqu'île de Cowal ; nous passâmes ensuite dans le loch Fyne, l'un des golfes les plus étendus de l'Écosse ; nous traversâmes, au milieu des rochers, le canal Crinan, qui s'écoule entre le pays d'Argyle et celui de Knapdales, et, nous trouvant ainsi portés vers le nord, nous abordâmes à Oban, et ensuite à Tober-Mory, ville principale de l'île de Mull. De là, nous étant rendus à l'île de Sky, nous gravîmes à travers des rochers de basalte et de granit et nous pénétrâmes dans sa grotte d'albâtre, qui doit être considérée comme l'une des merveilles de la géologie.

J'ai aussi dessiné ces lieux : si les essais que je publie aujourd'hui sont reçus avec l'indulgence que je réclame, je ferai connaître les dessins de l'île de Sky, après ceux de Staffa, et ensuite je donnerai ceux de l'île d'Iona. J'ai cru qu'ils pourraient présenter quelque intérêt, puisque ces sites et leurs aspects très-remarquables sont presque entièrement inconnus. Je commencerai par la description de Staffa, à cause de la célébrité de cette île vraiment extraordinaire, et parce que les dessins qui en ont été faits en France et en Angleterre sont loin d'en pouvoir donner une juste idée. Peut-être ai-je dû au calme du temps et à la tranquillité de la mer la possibilité d'être plus exact que mes devanciers : en effet, ceux qui m'ont précédé dans ce voyage semblent y avoir couru de grands périls, par l'impétuosité des vents qui se heurtent entre ces îles, et par la fureur des vagues qui se brisent avec fracas contre les rochers.

Joseph Banks, le compagnon de Cook, le Buffon de l'Angleterre, est le premier naturaliste qui aborda cette île si intéressante, et qui en ait donné une description. Il s'y rendit, sur le rapport d'un gentilhomme anglais, en 1772 : et il est bien remarquable qu'avant son récit on n'eût jamais entendu parler de cette île merveilleuse ; il fut le premier à l'annoncer au monde savant. Il en fit faire des dessins, mais ils sont incorrects, et l'artiste a même placé sur tous les devans de ses tableaux des masses de pierres qui n'ont aucune forme prismatique, tandis qu'à l'île de Staffa il n'existe pas une seule pierre qui ne soit basaltique et qui ne porte le caractère de cette configuration géométrique.

Banks communiqua sa description à Pennant, qui l'imprima dans son Voyage aux Hébrides, en y joignant les dessins qui accompagnent la narration de Banks.

Thomas Pennant, qui a publié un voyage très-intéressant aux Hébrides, n'a pu aborder dans l'île de Staffa, quoiqu'il ait visité ces parages dans la saison la plus favorable, au 11 juillet de l'année 1772. « Nous mîmes à la voile d'Iona, dit-il, et bientôt nous découvrîmes à l'ouest le magnifique groupe des îles Trenish, et plus près de nous l'île de

Staffa, nouvelle chaussée de géans, sortie du sein des mers avec des colonnes bien plus hautes que celles d'Irlande ; je désirais beaucoup d'en approcher, mais la mer était tellement agitée que l'on n'aurait pu aborder sans courir les plus grands dangers. »

John Knox, qui visita les Hébrides en 1786, n'eut pas non plus la possibilité d'entrer dans l'île de Staffa. Il rapporte dans sa relation le récit du professeur Banks. M. Faujas-Saint-Fond, l'un de nos plus célèbres minéralogistes, eut une traversée plus heureuse, quoique la saison fût avancée ; les matelots qui conduisaient la barque lui assurèrent qu'ils avaient profité d'un de ces jours extraordinaires dans ces contrées reculées, et qui ne se présentent pas deux fois dans l'année : aussi, pour en témoigner leur joie, commencèrent-ils par entonner les chants d'Ossian ; car il n'y a personne dans ces îles, depuis le jeune enfant jusqu'au vieillard, qui ne sache par cœur quelques-uns des hymnes du barde de la Calédonie.

M. Faujas a donné une description exacte de l'île de Staffa ; mais les esquisses qu'il a fait graver manquent de perspective, et l'ignorance du dessin y est portée au point que les parties profondes de la grotte sont éclairées comme s'il venait quelque jour du fond de la voûte de la caverne ; de plus, le dessinateur, au rapport de M. Faujas lui-même, était placé sur un bateau agité par les vagues ; et comme le roulis le rendait fort malade, on peut juger d'après ces circonstances combien les dessins ont dû manquer d'exactitude [1].

M. Neker de Saussure pénétra plus tard dans la grotte ; il a donné quelques esquisses en petit format : elles sont de beaucoup inférieures à celles de l'ouvrage de M. Faujas ; mais sa narration est très-bien écrite, et ses observations d'histoire naturelle sont à tous égards dignes du nom de Saussure.

Nous fûmes aussi heureux que M. Faujas. L'admirable invention des bateaux à vapeur nous donna même une plus grande facilité pour voyager en ligne directe ; nous ne perdîmes pas un moment à courir des bordées, qui, au milieu de tous ces récifs, présentent les plus grands dangers, et notre route se fit comme je l'ai tracée sur la carte. La mer, parfaitement calme, semblait une vaste nappe de plomb immobile, telle que Tacite dépeint ces mers du Nord, qui, dit-il, sont lourdes et se refusent au mouvement des rames [2]. Nous naviguions paisiblement, en nous avançant directement vers l'île de Staffa, suivant le rapport du capitaine ; à notre droite nous voyions les sommets arides de la côte de Morven ; à gauche, le vaste Océan et son horizon sans bornes se déployaient devant nous. « Au delà, disions-nous, il y a un autre monde, une autre Angleterre et une autre Écosse. Notre barde moderne, que l'on nomme en écossais *piper*, avec son costume bariolé, son jupon court, ses brodequins à carreaux de diverses couleurs, son panache noir, était adossé à la proue du navire, et faisait entendre les airs chéris des Écossais, ces *reels*, que nous avions vu danser à Tober-Mory par les jeunes Hébridiennes aux longs cheveux et aux pieds nus ; airs qui ont plus de vivacité que ceux même des danses anglaises, dont le mouvement est si ra-

[1] Faujas, *Voyage en Écosse*, tome II, page 42.
[2] *Mare pigrum et grave remigantibus perhibent* (Tacite, Vie d'Agricola, x).

pide. Le piper nous joua aussi son *pibroch*, ou l'air de marche de son clan. Chaque *laird* des îles est accompagné dans ses voyages d'un joueur de cornemuse, qui fait entendre aux heures de repas des chants mélancoliques ou guerriers pour charmer les loisirs de son maître : plusieurs pipers excellent dans leur art, et peuvent exécuter avec beaucoup de goût des difficultés qui étonneraient nos premiers virtuoses.

Le temps était des plus favorables, la mer calme ; les nuages qui couvraient tout le ciel semblaient dans un repos parfait ; et sans le bruit des roues du bâtiment, qui frappaient les flots, le plus profond silence eût régné sur cette vaste étendue.

Des troupes de petits canards bruns, s'élevant dans les airs, passaient au dessus de nos têtes, puis s'abattaient sur la mer, plongeaient dans les flots, reparaissaient au bout de quelques instans, s'approchaient très-près du bâtiment sans aucune inquiétude, semblaient curieux de nous voir, et se jouaient autour de nous.

Nous traversions souvent ces longues bandes phosphorescentes, qui, semblables à des fleuves teints de toutes les brillantes couleurs de l'iris, sillonnent la mer à peu de profondeur. Nous les considérions avec beaucoup d'attention, et chacun en donnait une explication différente. Newton attribue, disait-on, cette propriété à l'électricité ; quelques savans à des êtres microscopiques ; d'autres à des mollusques ou à la décomposition de ces animaux [1].

Un aigle, sorti des montagnes, plana quelque temps au dessus de notre vaisseau ; puis, dirigeant son vol vers Staffa, sembla nous en indiquer la route.

Le capitaine qui commandait notre bâtiment, *la Fille de Morven*, et ses matelots, paraissaient glorieux de nous conduire à cette île, à la grotte de Fingal : les noms d'Ossian et de ces héros des sombres nuages charment toujours leurs oreilles ; ce sont là leurs ancêtres, ce sont encore les dieux du pays. Les Calédoniens vont peut-être visiter le palais de Fingal, animés du même sentiment qui conduit les Orientaux à la Mecque, et nos pèlerins à Jérusalem.

Jusque-là nous avions rencontré dans notre voyage quelques bâtimens qui apparaissaient aux lignes éloignées de l'horizon, entre les îles de ce grand archipel, puis se cachaient derrière les côtes ; mais alors nous ne vîmes plus un seul navire. Nous nous trouvâmes dans un isolement complet : à notre droite l'Océan, et à notre gauche, dans un lointain qu'augmentaient les brumes continuelles de ces climats, les côtes vaporeuses de la romantique Ecosse.

Notre bateau à vapeur s'avançait avec une telle tranquillité, que je pus dessiner et même peindre au lavis quelques aspects éloignés. Les deux roues du bâtiment frappaient la mer d'une manière régulière, et laissaient derrière nous deux traces argentées dont l'angle s'ouvrait à mesure que nous avancions, jusqu'à ce qu'elles disparussent tout-à-fait dans le lointain. La longue cheminée de la machine à vapeur lançait de nombreuses étincelles enveloppées d'une épaisse fumée qui se dessinait en long bandeau noir sur le ciel.

[1] *Voyez* la note *A*, à la fin de l'ouvrage.

Nous allions atteindre le but principal de notre voyage, et nous en faisions le sujet continuel de nos entretiens ; on remarquait sur toutes les physionomies l'expression de curiosité de personnes qui vont assister à un grand spectacle, et l'on attendait avec impatience que le capitaine s'écriât : *Voilà Staffa!...*

Nous admirions ce rapprochement singulier de la nature qui, après avoir produit dans l'île de Sky, par un de ses rares phénomènes, cette vaste grotte d'albâtre, objet de toute notre admiration, avait aussi fait surgir à peu de distance, sur cette mer, des colonnades de basalte noir : nous remarquions que le premier de ces phénomènes avait été produit par les dépôts calcaires résultant de l'infiltration de l'eau, tandis que l'autre devait sans doute son existence à l'éruption spontanée d'un volcan sous-marin ; que la grotte d'albâtre s'augmentait chaque jour par les mêmes moyens qui forment ces masses irrégulières d'albâtre nommées stalagmites et stalactites, tandis que la grotte de Staffa était sans cesse attaquée et ruinée par les vagues furieuses de ces mers.

Nous nous rappelions Ossian, fils de Fingal, Ossian, poète et guerrier, aveugle comme Homère, et dont les poésies ont été conservées pendant quatorze siècles par une tradition orale, comme les poëmes du chantre d'Achille [1].

Je retraçais à mes compagnons de voyage le beau tableau de Gérard, qui a représenté au milieu des nuages le barde tenant sa lyre, tandis que les dieux de ces contrées descendent et viennent l'écouter dans un recueillement mélancolique : tableau magique qu'il m'avait permis de copier, et qui était encore tellement présent à mes yeux, que j'en plaçais l'action au dessus de l'île même de Staffa. J'y voyais Ossian absorbé dans son improvisation, sa longue barbe agitée par les vents, ses doigts faisant vibrer les cordes de sa lyre, et tous ces héros descendant autour de lui sur des nuages, dans l'attitude du silence et de l'attention ; et ces groupes de femmes avec de pâles étoiles au dessus de leurs blondes chevelures, les unes se penchant vers le poète, les autres l'accompagnant sur leurs harpes ; et ces êtres fantastiques apparaissant dans l'éloignement, grandissant et venant se mêler aux auditeurs de l'Homère de la Calédonie.

Nous nous rappelions aussi le tableau de Girodet, qui a représenté les héros de la France accueillis dans le palais de Fingal par les héros d'Ossian : les guerriers républicains, le tambour en tête, reçus au milieu des nuages par les guerriers de l'Écosse, et ces belles nymphes toutes nues qui nagent dans l'Océan, et viennent admirer les premières victimes d'une si longue guerre qui a produit tant de vaillans capitaines.

Pouvions-nous oublier ce héros dont la France a adopté toute la gloire, Napoléon, admirateur du poète barde et même imitateur de son style dans ses proclamations souvent empreintes de l'inspiration poétique ?

[1] Quoique Ossian et Homère soient probablement des noms supposés mis en tête de ces beaux poëmes dus au génie de plusieurs hommes, nous aimons à nous faire illusion et à croire encore au vieux barde écossais, malgré la certitude où nous sommes que Macpherson mérite une grande partie de nos éloges.

Un Écossais, notre compagnon de voyage, nous apprit alors que l'île de Staffa appartenait à M. Reginald-Macdonald, parent du maréchal de France : singulier rapprochement, étrange destinée, qui aurait fait naître bien des réflexions, si nous n'eussions été tout préoccupés du but de notre voyage!

Nous approchions, l'œil fixé sur le point indiqué par le capitaine; nous y dirigions les lorgnettes, nous avancions dans un profond silence, lorsqu'il s'écria tout à coup : « *Voilà Staffa!* »

C'était d'abord comme une tache bleuâtre allongée sur la ligne de l'horizon; bientôt quelques formes se prononcèrent, et nous aperçûmes au milieu une tache plus sombre qui indiquait l'entrée de la grotte. Nous avancions toujours, et enfin nous pûmes reconnaître quelques colonnes en groupe, mais elles étaient à une trop grande distance pour qu'il nous fût possible de les distinguer isolément; au pied de la grotte, sur la droite, s'étendaient de longs débris semblables à des colonnes d'antiques édifices renversés et à demi ruinés.

J'étais assis sur le pont avec mes pinceaux, le peu de mouvement du bâtiment me permit de tracer cette première vue prise à la distance d'à peu près une lieue, et d'indiquer les îles environnantes[1]. Mes compagnons de voyage, en voulant bien applaudir à ce premier et rapide essai, me donnèrent un grand encouragement pour continuer mes esquisses. A gauche, on remarque plusieurs îles, et particulièrement celle du Bonnet-Hollandais, que sa forme singulière a fait ainsi nommer; plus loin, l'île Lunga; et à droite, les îles Calonsay et Ulva. Ces petites îles sont habitées par quelques familles qui vivent sous des huttes formées de débris de basalte et de granit, et recouvertes de gazon. Elles y soignent le bétail, et fabriquent de la soude en brûlant les *varechs*[2], qui naissent sur tous ces récifs et forment un des principaux revenus de l'Écosse.

Nous distinguions parfaitement l'entrée de la grande grotte et même celle de la caverne du Cormoran; sur la gauche et un peu plus loin, un îlot formé de colonnes renversées. Sur la droite, l'île s'allonge en petites pelouses vertes qui descendent presque jusqu'au bord de la mer, et facilitent les moyens de monter sur la plate-forme.

A peu près à un quart de lieue de Staffa le capitaine fit arrêter subitement le bateau à vapeur. La prudence l'engageait à ne pas avancer davantage : si le moindre vent s'était élevé, il aurait pu pousser et briser notre bâtiment contre ces récifs, d'autant plus dangereux que les vagues, d'après son récit, s'y forment en peu d'instans : aussi les nautonniers sont-ils dans une circonspection continuelle. Comme, dans ces parages, l'atmosphère est toujours chargée de nuages épais, on ne saurait prévoir si l'on y doit redouter le mauvais temps, ainsi qu'on peut le faire dans d'autres climats, où l'on voit les orages accourir de loin au travers d'un ciel d'azur : ici l'orage est toujours menaçant, les brumes constantes, et bien rarement un faible rayon de soleil peut percer ces sombres voûtes de nuages entassés les uns sur les autres, et qui se succèdent sans cesse.

[1] *Voyez* la planche 1re.
[2] *Voyez*, à la fin, la note sur les varechs.

Les roues de la machine à vapeur furent donc arrêtées, la soupape de sûreté fut levée ;
la fumée trouvant un obstacle vomit une plus grande quantité de flammes ; des flammèches
plus épaisses, des étincelles plus nombreuses en jaillirent, et la vapeur bouillante, contrariée dans son cours, fit retentir un bruit tantôt sourd comme le rugissement d'un
lion, tantôt aigu comme un horrible sifflement. Quoique habitués depuis plusieurs jours
à ce bruit étrange, il nous surprit encore au milieu de notre silence et de notre admiration
devant l'île de Staffa.

Nous descendîmes dans le canot, nous approchâmes de l'île ; et, nous dirigeant vers la
droite de la grotte, qui paraissait offrir quelque facilité pour aborder, nous y portions nos
regards sans distinguer par où nous pourrions y entrer, parce que toute la partie basse est
cachée par les colonnes qui surgissent de la mer, et forment, en s'élevant, de larges gradins des deux côtés.

Après avoir passé le long d'un amas de colonnes qui se trouvent en dehors de l'île et dont
la forme elliptique semble être le débris d'un immense vaisseau de ligne couché sur le côté
et engravé sur le flanc de l'île, nous pûmes aborder sur un massif de colonnes élevées en gradins, qui donnèrent à nos dames la facilité de monter.

Je fis un second dessin qui représente l'île suivant sa plus grande étendue [1]. On reconnaît
déjà la presqu'île de Boo-sha-la, on distingue les murs de colonnades, mais les débris
entassés autour de l'île présentent l'aspect de grandes masses qui, à mesure que l'on approche,
n'offrent plus que des amas de basaltes tronqués, roulés par les flots et sans cesse reportés
au bas de l'île par le flux de la mer.

Nous avions pour compagnes de voyage trois dames anglaises qui supportèrent toutes
ces fatigues avec un admirable courage, et qui, par les charmes de leur conversation, leur
instruction et leur gaîté, contribuèrent à augmenter l'agrément de notre traversée dans ces
tristes parages, où l'imagination, le désir de voir, les souvenirs, soutiennent le courage,
mais où je conçois que d'autres voyageurs ont dû être alors fort rebutés, si le temps n'a
pas été favorable ; car les moindres brumes cachent toutes les îles : les pluies sont très-for-
tes et pénétrantes, et la mer, par les dangers qu'elle présente, semble défendre aux humains
de visiter ces sombres contrées.

Toutes ces îles, dépouillées de végétaux, n'offrent que quelques bruyères dont la verdure
contraste avec la couleur brune des rochers, produits la plupart par la lave, et auxquels
l'humidité même donne une couleur encore plus foncée. C'est ici la nature du Nord dans
tout son grandiose, une mer sans fin, d'immenses lames d'eau, des marées furibondes, des
nuages lourds et épais, des ouragans furieux, spectacle triste, imposant, sauvage, qui
donne à l'âme une certaine énergie, et où l'on conçoit que l'imagination a pu créer et faire
apparaître tous les héros d'Ossian.

On attacha le canot à l'un des piliers, et nous montâmes sur cette masse qui semble un

[1] Voyez la planche 2e.

escalier de marbre noir mis en désordre par un bouleversement souterrain [1]. De longs rubans d'une grande espèce de *varechs* pendaient autour des prismes : on ne peut mieux les comparer qu'à une bride de cheval pour la forme, la force et la longueur. Ils se partagent en deux parties à l'extrémité, se baignent dans la mer, et adhèrent avec une telle force aux prismes, que les vagues les plus violentes ne peuvent les en détacher. Nous rencontrâmes aussi quelques étoiles de mer que les eaux avaient laissées en se retirant, et dont la couleur purpurine contrastait avec le noir du basalte. Déjà le flux se faisait sentir, la mer frappait contre les colonnes, les tronçons et leurs interstices, et formait ainsi une petite brume dont nos dames se préservaient avec leurs légères ombrelles.

En donnant la main à nos compagnes de voyage, en les enlevant dans nos bras, nous montions, nous descendions sur les piliers, et, cherchant ainsi chacun notre chemin, nous parvînmes non sans peine à gravir jusqu'au pied des grands piliers, qui forment là un long mur au milieu duquel se remarque un réduit mystérieux, semblable au confessionnal obscur placé dans le fond d'une église, au moment où les ombres de la nuit répandent leur obscurité dans le lieu saint.

Cet enfoncement bizarre se rétrécit tellement, qu'il n'a, dans sa partie la plus reculée, que la largeur d'un fauteuil : aussi l'a-t-on nommé le *fauteuil de Fingal*. Nous nous y dirigeâmes, et, après avoir franchi quelques piliers brisés, nous nous y assîmes suivant l'usage des voyageurs, qui veulent pouvoir dire s'être assis là où siégeaient les rois et les héros. Le dais de cet enfoncement est formé de colonnes brisées, qui représentent assez exactement une ogive gothique, de sorte qu'à une certaine distance ce lieu peut rappeler une grande niche de ces cathédrales bâties par les Goths [2].

Nous descendîmes ensuite le long des basaltes brisés, nous suivîmes le mur de colonnes rangées symétriquement et couronnées de quelque verdure, et au bout de ce trajet, tournant à droite, nous nous trouvâmes tout à coup à l'entrée de la grotte : nous étions élevés sur des prismes verticaux qui ont dans ce lieu à peu près vingt pieds de hauteur. A ce tournant le propriétaire avait placé autrefois une espèce de grille en fer, pour fermer l'accès de la caverne, mais elle a été en partie emportée par la force des vagues, et il n'en reste plus qu'une longue barre de fer qui sert de point d'appui pour se soutenir et pour pénétrer dans la grotte.

C'est ici que l'admiration pour ce grand phénomène éclata parmi tous les passagers. Chacun avait son expression, nous nous communiquions nos sensations, et nos regards ne pouvaient se rassasier de cette étonnante merveille [3].

Le premier sentiment inspiré par la régularité de tout ce que l'on voit, est que l'on entre dans un édifice taillé par la main de l'homme; cette longue voûte élevée dans une

[1] *Voyez* la planche 3e.
[2] *Voyez* le dessin n° 3.
[3] *Voyez* la planche 4e.

proportion élégante, ces colonnes droites, ces angles rentrans et saillans dont les arêtes sont si pures, tout vous persuade que le ciseau d'artistes habiles s'y est exercé : car cette grotte n'est point basse comme les cavernes ordinaires, et on n'y distingue aucune pierre, aucun fragment qui ne soit prismatique, c'est-à-dire parfaitement et régulièrement taillé.

Je ne puis mieux comparer cette caverne profonde qu'à une grande église gothique, dont la nef présenterait deux rangées de colonnes qui auraient été brisées et transportées tout debout, mais ayant des hauteurs inégales, à la droite et à la gauche de l'édifice noirci par les flammes. La chapelle d'Holyrood, qui a été incendiée, peut en donner une juste idée pour le ton de couleur, mais non pour la forme, parce que le fond en est éclairé, tandis que celui de la grotte est fermé et obscur comme le chœur d'une église; et si à l'image de cette chapelle vous ajoutez que, par un hasard quelconque, il s'est introduit jusqu'à la partie la plus reculée de l'édifice une quantité d'eau qui en remplit presque le tiers, et qui est profonde de neuf à dix pieds, vous aurez une représentation exacte de cette excavation naturelle. Sur les deux côtés s'élèvent et se prolongent en lignes parfaitement droites deux grands murs composés de colonnes prismatiques hautes à peu près de cinquante pieds. Ces colonnes de loin en loin présentent entre elles quelques renfoncemens de trois à quatre pieds de profondeur au plus, et se succèdent ainsi dans une longueur de cent quarante pieds jusqu'au fond de la grotte : là se trouvent de plus petites colonnes d'un seul jet, qui se groupent et forment pour ainsi dire le chœur d'une église où serait placé un jeu d'orgues noirci par le temps. Nous montions sur des prismes qui avaient de un à trois pieds de diamètre; ils étaient d'un noir de jais, les uns triangulaires, d'autres quadrangulaires, pentagones, hexagones, quelques-uns à sept ou huit pans, mais tous parfaitement réunis, et chaque angle saillant d'un prisme remplissait exactement les angles rentrans formés par la réunion de ceux qui l'entouraient. Les colonnes sur lesquelles nous marchions différaient entre elles en hauteur seulement de deux, trois ou quatre pieds. Nous remarquâmes des fragmens dont la troncature offrait des ébauches de petits prismes, comme si le basalte avait une tendance à se diviser géométriquement, ainsi que les minéraux qui se cristallisent avec régularité.

Après le premier saisissement causé par l'admiration, nous avançâmes hardiment en nous aidant mutuellement dans cette promenade, nous tenant les uns les autres pour ne pas tomber dans la mer; car la surface des prismes est toujours glissante à cause de l'humidité qui règne constamment dans ces lieux.

Quoique le flux commençât à se faire sentir, l'eau de la mer n'était que très-peu agitée, et l'on en distinguait parfaitement le fond qui offrait un beau parquet noir composé de carreaux à quatre, cinq, six ou sept pans très-bien découpés. Si nous eussions abordé plus tôt, nous aurions pu entrer dans la grotte avec notre bateau, mais nous en observions mieux toutes les beautés du haut des gradins sur lesquels nous étions élevés, à quinze pieds environ au dessus de la mer. C'était un singulier spectacle de nous voir dans ces lieux solennels, avec nos habits français, des chapeaux ronds, les dames avec leurs robes de couleur claire, leurs ombrelles ; les uns assis et contemplant tour-à-tour les flots ou la voûte ténébreuse, les autres appuyés sur des colonnes ; quelques-uns dans la pose de l'admiration, quelques autres riant de leurs glissades, tandis que nos graves Écossais, revêtus de leurs beaux costumes, semblaient seuls en harmonie avec cette grande décoration théâtrale.

Nous avancions le long de cette espèce de balcon : plusieurs d'entre nous disparaissaient derrière les colonnes, non sans causer de l'inquiétude à leurs compagnons de voyage. L'un des voyageurs tira un coup de pistolet qui retentit sous cette sombre voûte, accoutumée à répéter d'autres bruits lorsque les vagues furibondes qui s'y précipitent en arrachent des débris de colonnes ébranlées.

Vers le milieu de la grotte, mon épouse, la première Parisienne qui, je crois, ait visité la grotte de Fingal, et qui apportait dans ce voyage autant de grâces que de gaîté, consentit à chanter un morceau des opéras de Rossini : on fit silence, et dans cette nouvelle salle de concert retentirent les accens inspirés au cygne de Pezzaro. La voix vibrait le long des colonnes, elle devenait plus pleine et plus puissante, les roulades semblaient acquérir plus de vivacité, les tons soutenus prenaient plus de force ; enfin la religieuse majesté du lieu donnait un nouveau charme et plus de grandiose à ces chants harmonieux ; tout le monde applaudit, et les dieux mêmes de ce palais enchanté semblèrent répéter ces applaudissemens dans les airs.

La lumière du jour, en perdant graduellement de son éclat, arrive jusqu'au fond de la caverne et, lorsque l'œil est habitué à l'obscurité de ces lieux, il peut y distinguer très-bien tous les objets.

La mer, pour ajouter au pittoresque de cette grotte, vient en baigner la partie la plus enfoncée, et pendant notre visite elle y formait de petites vagues dues aux oscillations que produisait la marée montante.

On a beaucoup parlé d'une musique merveilleuse dont les sons partent des parties reculées de la grotte ; nous avancions avec un vif sentiment de curiosité, mais nous ne pûmes parvenir jusques au fond, car les gradins de basalte qui serviraient pour monter finissent à peu près à huit ou dix pieds du fond, et ce qui reste ne saurait donner la facilité d'aller plus loin, sans courir le risque de tomber dans les flots.

Nous approchâmes en silence, prêtant l'oreille et baissant la tête pour mieux distinguer les sons qui pourraient s'échapper. Le bruit produit par l'agitation de la mer au moment de la marée n'aurait pu nous empêcher d'entendre cette musique extraordinaire. Malgré tout l'intérêt que la description d'un tel phénomène aurait pu donner à notre narration, nous devons déclarer qu'aucun son mélodieux n'est venu jusqu'à nous. Lorsque M. Faujas parvint au fond de la grotte, les circonstances étaient différentes, la mer était assez agitée : il entendit alors distinctement un bruit semblable à celui que produirait le choc d'un corps dur de gros volume contre un autre corps semblable. Je vais rapporter textuellement son récit.

« Comme la mer n'était pas, à beaucoup près, tranquille, lorsque je visitai cette grotte, j'entendais un bruit d'une nature bien différente, toutes les fois que les vagues, se succédant avec rapidité, venaient se briser contre le fond de la caverne. Ce bruit était semblable à celui que produirait un corps dur d'un gros volume qui frapperait lourdement et avec force contre un autre corps dur, dans un lieu souterrain et caverneux; le choc en était tel qu'on l'entendait au loin, et que la grotte en était comme ébranlée. Voisin du lieu où il s'opérait, et où l'eau est moins profonde lorsque la vague se retire, je cherchai à découvrir d'où pouvait provenir ce choc effrayant, et je ne tardai pas à reconnaître qu'il existait, un peu au dessous de la base sur laquelle portent les colonnes en buffet d'orgues, une ouverture qui sert d'issue à une cavité, peut-être même à une petite grotte, dans laquelle il est impossible de pénétrer, mais où il est à présumer qu'un bloc détaché, poussé avec une violence extrême par l'impétuosité du flot, vient heurter avec fracas contre les parois de la cavité. L'on voit d'un autre côté, par le bouillonnement que l'eau éprouve dans cette partie, qu'il y a d'autres petites issues par lesquelles l'eau sort, lorsqu'elle s'est introduite en masse par l'ouverture principale; de manière qu'il est possible, lorsque la mer n'est pas assez agitée pour mettre en action le bloc emprisonné dans la cavité, qu'alors l'air fortement comprimé par le poids de l'eau qui ne cesse jamais d'être en mouvement dans cette partie, produise, en sortant par les petites ouvertures latérales, un son particulier, qui a quelque chose de surprenant; et ce serait véritablement alors une espèce d'orgue faite des mains de la nature : ceci expliquerait très-bien pourquoi le nom antique et véritable de cette grotte, en langue erse, est celui de *grotte mélodieuse.* »

Le nom celtique de la grotte de l'île de Staffa, suivant plusieurs rapports, est *An-ua-vine* ou *Fine :* les deux premiers mots signifient *la grotte*, le troisième *mélodieuse*, et comme ce mot est aussi, en langue gallique, le génitif du nom de Fingal, on a traduit également par *la grotte de Fingal.* L'opinion de M. Faujas est que M. Banks s'est trompé à cet égard, et que la véritable traduction est *la grotte harmonieuse.* Mais M. Necker de Saussure combat cette opinion, et pense que le vrai nom est grotte de Fingal; en effet, les Gaëls attachent l'idée de Fingal et de Fingaliens à tout ce qui paraît surnaturel : beaucoup d'autres cavernes portent aussi le nom de grottes de Fingal. Dans toutes les Hébrides, celle de Staffa est connue sous ce nom, qui désormais lui sera toujours donné.

Après avoir fait une seconde fois retentir le fond de la grotte de quelques chants mélodieux de Cimarosa, de Rossini et d'Auber, nous pensâmes à notre retour, et nous dirigeâmes nos pas vers l'entrée de la caverne.

La scène changea tout à coup au moment où nous nous retournâmes [1]. Au lieu de ces longs buffets d'orgues noirâtres, nous vîmes un tableau qui reposa nos yeux fatigués par ce sombre spectacle. Il nous sembla qu'on avait ouvert les portes d'un temple ou levé le rideau d'un théâtre; et quoique le ciel fût chargé de nuages, nous fûmes comme éblouis par sa lumière, tant était grand le contraste de ces immenses murailles obscures avec la vue

[1] *Voyez* la planche 5e.

du ciel et de la mer : au fond, à l'horizon, nous distinguions parfaitement l'île d'Iona, éloignée d'environ deux milles, qui s'étend à droite et à gauche par une pente insensible, et de ce point de vue laisse apercevoir déjà les ruines blanchâtres de son abbaye, placée au dessus des falaises noires contre lesquelles viennent se briser les flots.

Notre retour ne fut pas moins pénible que notre arrivée ; il fallut encore gravir de bloc en bloc, descendre, s'accrocher avec les mains, s'élancer sur les prismes : les dames nous causaient beaucoup d'inquiétude, mais leur sang-froid et leur courage les préservèrent de tout accident.

Comme les basaltes n'étaient que légèrement humides, nous n'eûmes pas même recours à l'expédient de M. Faujas, qui se vit obligé d'entrer dans le temple comme les sectateurs de Mahomet dans leurs mosquées, c'est-à-dire d'ôter ses souliers et de marcher pieds nus sur toutes ces surfaces glissantes.

Nos yeux s'étant habitués à l'obscurité, nous pûmes, en revenant, observer distinctement les diverses parties de la voûte, composée, comme les parois, de colonnes, qui se sont séparées à distances à peu près égales, et dont l'une des parties est restée suspendue, tandis que l'autre partie en tombant a laissé libre ce long espace qui forme la caverne ; je remarquai en effet que les prismes du bas et du haut se correspondaient avec beaucoup d'exactitude. Les basaltes sont étroitement unis et comme cimentés dans leurs joints par une matière calcaire d'un jaune citron qui se détache sur le brun du basalte.

Nous revînmes donc par le chemin que nous avions déjà parcouru ; puis, saisissant la barre de fer qui nous en avait facilité l'entrée, nous détournâmes à gauche, et nous suivîmes le mur de colonnes où est placé le fauteuil de Fingal [1], jusqu'à un endroit accessible. Là se trouvent des colonnes qui, couchées sur l'île presque horizontalement, forment un véritable escalier à marches inclinées. Dans quelques endroits, nous rencontrâmes des traces de végétation, et le lieu vers lequel nous gravissions nous parut une plaine couverte de verdure. Nous y parvînmes, et nous nous y assîmes quelque temps. Nous étions placés au dessus de l'entrée de la grotte, dans la partie la plus haute du plateau, et nous découvrions toute la surface de l'île, qui s'étend vers le nord en s'abaissant par tertres couverts d'une très-petite portion de terre végétale que la nature y forme depuis des siècles par les développemens successifs de diverses espèces de mousses qui croissent sur les basaltes mêmes : elles sont tellement adhérentes à ces derniers, qu'elles résistent aux vents les plus impétueux et aux vagues les plus furieuses. La couche de terre végétale est si mince, qu'en quelques endroits nous distinguions les prismes formés par les basaltes, de sorte qu'en ôtant à toute l'île la couche de terre végétale qui s'y trouve, sa superficie entière offrirait sans doute un vaste carrelage brun de différentes formes [2].

On a défriché un coin de cette plaine aride, et quelques épis d'avoine y sont venus comme à regret. Une petite source coule au bas d'un tertre, mais sans l'humidité du climat et celle

[1] *Voyez* la planche 3ᵉ.   [2] *Voyez* la planche 6ᵉ.

que forment sans cesse les vagues jaillissantes, elle serait probablement bientôt tarie.

Les côtés de l'île présentent diverses anfractuosités, où s'élèvent, comme de hauts remparts, de longues colonnes de basalte, et à leurs pieds on distingue les débris que la violence de la mer y a rassemblés. Nous distinguions à droite la terre de Morven, domaine de Fingal, et à gauche quelques îles.

Vers le milieu de l'île on voyait encore les murs d'une chaumière dont le toît avait disparu ; plus loin des pâtres gardaient un troupeau de chevaux et de vaches, tous de très-petite espèce, et tous de couleur noire : ces pâtres vinrent à nous, et nous offrirent du lait que nous nous empressâmes d'accepter. La conversation s'engagea à l'aide de notre interprète avec ces bergers, qui ne parlent ni anglais, ni écossais ; leur langue est peut-être l'ancien celtique ou le gallique.

Cette cabane avait été occupée, pendant huit années, par une famille chargée de la garde des troupeaux. Banks et Faujas en avaient vu les habitans, et avaient conservé le souvenir de leur horrible malpropreté.

Le plus âgé des pâtres nous dit qu'il y avait demeuré long-temps : sa physionomie mélancolique exprimait tout l'ennui qu'il avait éprouvé dans cette triste demeure, lorsque lui et quelques compagnons n'entendaient pendant les nuits d'hiver, si longues en ces climats, que le mugissement des vents qui soulevaient les vagues sur tous les côtés de l'île avec une telle violence, que souvent elles en venaient inonder les parties les plus élevées : la cabane en était ébranlée, et il semblait que les vents allaient l'emporter et la jeter au milieu des ondes. Dans son récit animé, il paraissait encore saisi de terreur en rappelant que, dans les grandes tempêtes où la mer déployait toute sa furie, le sol tremblait, et faisait craindre que l'île ne cédât enfin à sa violence. Les vagues se précipitaient dans les anfractuosités et dans la grotte, et le centre même de l'île en paraissait agité ; l'air comprimé dans le fond de la caverne ressortant au moment où le flot tombait, imitait le bruit des décharges d'une immense quantité de pièces d'artillerie, et faisait un fracas que n'égalent point les coups de tonnerre les plus éclatans. « Les tempêtes règnent ici, disait-il, les trois quarts de l'année : aussi avons-nous renoncé à une demeure aussi triste que malsaine. »

Ces pâtres habitaient l'île d'Iona, et nous dirent qu'ils se rendaient à Staffa avec leurs bestiaux, toutes les fois que le temps le leur permettait ; ce qui, ajoutèrent-ils, est fort rare, et a lieu seulement dans la saison de l'été, qu'on ne peut désigner, pour ces climats, sous le nom de la belle saison.

Des mouettes, des pingouins, des guillemots voltigeaient autour de nous, se précipitaient dans les flots, puis reparaissaient à notre vue. Nous aperçûmes aussi quelques cormorans qui poursuivaient au bord de la mer des insectes ou des poissons dont ils font leur nourriture. On nous servit une collation suivant l'usage du pays : elle était composée de lait et de quelques harengs ; nos matelots et les pâtres avaient détaché des basaltes quelques varechs, et, sans aucun apprêt, les mangeaient avec délices. La conversation s'engagea ensuite avec plusieurs Écossais qui avaient recueilli des notions très-exactes sur l'île de Staffa ; j'en ai fait mon profit, et je présente aujourd'hui le résumé de mes notes.

L'île est située par le 57ᵉ degré de latitude nord, à quinze milles de l'île de Mull. Sa circonférence est de deux milles.

Ses bords sont escarpés et inaccessibles dans toute sa circonférence, à l'exception d'un petit espace au dessus de la presqu'île de Boo-sha-la.

D'immenses colonnades de basalte règnent tout autour, et, au premier aspect, on a la conviction qu'elles ont surgi tout à coup du sein de la mer.

Un gazon de graminées communes couvre les tertres : pas un arbre, pas un buisson ne charment l'œil attristé. Quand le vent souffle avec violence, on serait facilement enlevé et jeté au loin dans la mer ; et lorsque les flots, dans leur furie, frappant les colonnades de tous côtés, s'élèvent au dessus de l'île, retombent avec fracas, font briller de toutes parts l'écume blanchissante de leurs vagues amoncelées autour de cet espace si resserré, l'âme la plus intrépide doit être saisie d'effroi : si l'on joint à ce spectacle les rigueurs d'un hiver toujours glacial et qui dure dix mois de l'année, on concevra facilement que peu de lieux sur la terre offrent moins d'hospitalité. Cependant l'île est une propriété ; elle a appartenu aux Campbell de Campbelton en Kintyre, et aujourd'hui elle fait partie des domaines des Macdonald, qui l'afferment douze livres sterlings par an, plutôt pour la pêche sans doute que pour tout autre produit de son territoire.

Après que j'eus dessiné l'aspect de l'île, pris de cette partie élevée [1], je descendis avec mes compagnons de voyage du côté qui regarde l'île de Mull, et nous nous trouvâmes au dessus de la presqu'île de Boo-sha-la, qui, réunie à Staffa, est également formée de longues colonnes de basalte en faisceaux, mais toutes inclinées dans le même sens. Je m'arrêtai sur les bords d'une petite anse dans laquelle la mer vient se briser en roulant sans cesse dans ses flots quelques prismes qui se sont arrondis par le froissement des uns contre les autres.

En descendant, nous pûmes facilement détacher quelques-uns de ces prismes qui sont superposés et n'adhèrent les uns aux autres que par leur seul poids : les colonnes ici sont bien plus petites que celles de la grotte, elles n'ont pas un diamètre de plus de quinze à trente pouces, et comme elles n'ont guère qu'un pied ou un pied et demi de hauteur, on peut les enlever sans difficulté. Aidé de mes compagnons, j'en détachai dix morceaux différens, que nous fîmes rouler sur la grève, et, profitant de la permission que j'avais obtenue d'un parent de M. Reginald-Macdonald, je les fis transporter à bord de notre bâtiment *la Fille de Morven*. Ces fragmens de colonnes basaltiques [2], en changeant plusieurs fois de bateaux à vapeur, ont été transportés sur les côtes de France, et enfin en remontant la Seine depuis le Hâvre, sont parvenus à Paris. Il n'existe qu'un seul morceau de ces prismes au Jardin-du-Roi ; ceux que j'ai rapportés ont été examinés avec beaucoup d'intérêt par un grand nombre de naturalistes : j'en donne les dessins et les mesures très-

[1] *Voyez* la planche 7ᵉ.　　　　　　　　[2] *Voyez* la planche 12ᵉ.

exactes, et je réserve pour la fin de cet ouvrage une courte dissertation sur les basaltes.

Je dessinai cette petite anse dans laquelle viennent se précipiter les flots de la mer, qui semblent vouloir détacher cette espèce de carène de vaisseau engagée dans la baie que forment ces rangées de basaltes ; c'est particulièrement sur le devant des dessins que j'ai indiqué ces prismes recourbés qui, vus de loin, imitent si bien la carène d'un vaisseau échoué sur le côté auprès de l'île de Staffa [1].

Après avoir contemplé ces merveilles, et avec le regret de les quitter si tôt, il fallut penser au retour : la mer montait et menaçait d'être violente. Nous nous plaçâmes dans notre frêle canot et nous regagnâmes le bâtiment à vapeur, qui nous attendait à un quart de lieue au nord de l'île ; mais comme nous nous dirigions vers l'île d'Iona, qui est au midi de Staffa, nous eûmes encore la satisfaction de longer les rangées de colonnes qui entourent Staffa, et d'en admirer la régularité.

Après avoir dépassé l'île, nous nous trouvâmes en face de la caverne, à une très-faible distance : c'est alors que la grotte se présenta à nos yeux sous un nouvel aspect.

Deux rangées de colonnes tronquées s'avancent dans la mer et forment deux longues parties circulaires qui mènent à la grotte. De ce nouveau point de vue nous distinguions très-bien à droite la petite presqu'île de Boo-sha-la, au fond la côte de Morven, et à gauche l'anfractuosité qui forme la grotte des Cormorans, les sommets arrondis de l'île de Staffa et cette verdure qui contraste avec ses noires colonnades.

La marée montait, les flots se brisaient sur toutes ces colonnes et retombaient en ruisselant le long de leurs vives arêtes ; déjà la vague était assez forte pour s'élever dans la grotte, et comme elle y trouvait une résistance par la masse d'air qu'elle y engouffrait, chaque flot faisait retentir un bruit semblable à celui de plusieurs coups de canon tirés de l'île, comme pour nous saluer à notre départ. L'eau jaillissait presque jusqu'au sommet de la voûte, en mousse dont la blancheur contrastait avec la couleur sombre de la caverne : nous convînmes que nous avions profité sagement du moment favorable pour faire notre visite, et que nous n'aurions pu y rester quelques instans de plus sans courir les plus grands dangers.

Le capitaine voulut bien arrêter quelques momens la marche du bâtiment, pour nous laisser jouir de ce beau spectacle, que j'ai retracé à la hâte ; mais si l'art du peintre provient de l'émotion qu'il éprouve, comme j'ai été fortement ému à cet aspect remarquable, mon dessin, du moins au dire de mes compagnons de voyage très-indulgens, rappelait cette vue de manière à leur représenter parfaitement l'objet de leur admiration.

En nous éloignant, nous nous dirigeâmes vers la gauche de la caverne, et bientôt nous vîmes tout le côté de l'île qui regarde le grand Océan. Comme je désirais compléter ma collection d'esquisses, je dessinai cette partie qui est absolument inaccessible [2].

[1] *Voyez* la planche 8e.   [2] *Voyez* la planche 9e.

On distingue très-bien les murs de colonnes basaltiques et les anfractuosités dont la première forme la petite grotte des Cormorans, qui n'offre d'ailleurs aucun intérêt en la comparant à celle de Fingal.

A droite, nous voyions l'île de Calonsay ; à gauche, la côte de l'île de Mull.

En nous éloignant, nous fîmes la rencontre singulière d'un bateau d'Iona, monté par des Hébridiens menant en laisse dans la mer trois petits chevaux noirs écossais, qui nageaient autour du bateau, non pas comme ceux de nos climats, avec cette agitation inquiète, compagne de la crainte, mais avec le calme de très-habiles nageurs habitués aux plus longues traversées [1].

A notre prière, le capitaine dirigea le bâtiment un peu vers le nord, de manière à nous faire bien reconnaître toute le côté opposée à l'entrée de la grotte, et afin que je pusse dessiner cette île sous tous ses aspects.

On voit, à la gauche de la planche dixième [2], l'île dans sa partie la plus basse ; à côté on distingue la presqu'île de Boo-sha-la, qui, à une certaine distance, semble en effet séparée de Staffa, ce qui lui a fait donner sans doute le nom d'île, tandis qu'elle lui est réellement adhérente. Au fond, vers le milieu, paraît dans le lointain l'île d'Iona ; à droite, celle du Bonnet-Hollandais.

Au moment du départ, par un de ces phénomènes qu'on nous dit assez rares dans ces contrées, et surtout au 27 de septembre, le soleil, que nous n'avions pas vu depuis plus de six semaines, perça la nue, dora la mer et les sommités des îles, répandit pour peu d'instans quelque gaîté dans ce sombre tableau ; mais des nuages épais vinrent bientôt le cacher à nos yeux : nous ne vîmes plus que des îles bleuâtres, et cette mer couleur de plomb, qui n'offre de variété que ses brisans argentés, formés contre les nombreux récifs de ces parages.

Il était tard, le capitaine murmurait ; les roues du vaisseau se mirent en mouvement, la mer s'agita sur les deux côtés de notre bâtiment, et nous cinglâmes vers Iona, où nous attendait, non plus les merveilles de la nature, mais une terre vraiment classique, qui offrit un asile aux lettres et aux sciences lorsque toute l'Europe, excepté ce point unique, était en proie aux Barbares ; servit de sépulture à un grand nombre de rois, éleva une abbaye dont les moines, persécutés plus tard, allèrent fonder au sein de l'Helvétie, sur les bords rians du lac de Zurich, de petites villes qui portent encore les noms de Staffa et d'Iona [3].

Pour me rendre compte à moi-même des proportions de la grotte de Staffa, de ses colonnes, de sa largeur et de sa profondeur ; pour en donner une idée plus exacte à ceux qui ne l'ont pas vue, je l'ai considérée comme un monument d'architecture : dans les précédens dessins, j'ai tracé plusieurs *élévations*, ou vues intérieures et extérieures de sa façade et de ses côtés ; j'en présente, dans la planche onzième [4], une coupe suivant sa profondeur

[1] *Voyez* la planche 9e.
[2] *Voyez* cette planche.
[3] *Voyez* sur la carte le canton de Zunck.
[4] *Voyez* cette planche.

et une autre suivant sa largeur, avec les mesures très-exactes. Ainsi le lecteur pourra comprendre parfaitement l'ensemble de ce monument naturel, et, d'après ces données, tout architecte pourrait en faire la construction, comme avec les dessins ordinaires d'architecture et dans les plus exactes proportions.

Banks a pris les mesures de toutes les parties de la grotte, mais il s'était servi d'une ligne de pêcheur dont la corde, se tendant plus ou moins à l'humidité, n'a pu les donner avec exactitude. Faujas a pris les siennes à l'aide d'un ruban peint et ciré, d'une longueur de cent pieds. J'ai vérifié les unes et les autres au moyen d'une canne divisée en pieds et en mètres, et j'ai trouvé le chiffre de toutes les dimensions conforme à celui qu'avait indiqué Faujas.

Je joins ici le tableau de ces diverses mesures : le lecteur en fera l'application à la planche onzième, où j'ai tracé les deux coupes de la caverne basaltique.

MESURES ET DIMENSIONS DE LA GROTTE DE FINGAL.

Largeur de l'entrée, prise à l'ouverture et à fleur d'eau. . . . . $11^m369.$
Hauteur, prise depuis le niveau de la mer jusqu'au cintre de la voûte. $18^m190.$
Profondeur de la mer en face de la grotte, à douze pieds de distance de l'entrée. . . . . $4^m872.$
Épaisseur de la voûte, mesurée à l'extérieur depuis le cintre jusqu'au plus haut. . . . . $6^m496.$
Profondeur intérieure de la grotte, depuis l'entrée jusqu'à son extrémité. $45^m477.$
Hauteur des plus grandes colonnes vers le côté droit de l'entrée. . . . . . . $14^m617.$

Profondeur de la mer dans l'intérieur de la grotte, 3^m492; et 2^m598 dans certains endroits, un peu moins dans le fond.

CONFIGURATION GÉOMÉTRIQUE DES BASES POLYGONALES DE DIX PRISMES BASALTIQUES
RAPPORTÉS DE L'ILE DE STAFFA PAR M. C. L. F. PANCKOUCKE [1].

Prisme à cinq pans.

1. 6 pouces 6 lignes — $0^m176.$
2. 6 pouces 6 lignes — $0^m176.$
3. 7 pouces — $0^m189.$
4. 2 pouces 3 lignes — $0^m061.$
5. 7 pouces 6 lignes — $0^m203.$

Prisme à cinq pans.

1. 6 pouces 3 lignes — $0^m169.$
2. 4 pouces — $0^m108.$
3. 7 pouces 4 lignes — $0^m198.$
4. 7 pouces — $0^m189.$
5. 4 pouces — $0^m108.$

Prisme à six pans.

1. 3 pouces — $0^m081.$
2. 4 pouces 6 lignes — $0^m122.$
3. 3 pouces — $0^m081.$
4. 5 pouces — $0^m135.$
5. 4 pouces 6 lignes — $0^m122.$
6. 5 pouces 9 lignes — $0^m156.$

Prisme à six pans.

1. 3 pouces 7 lignes — $0^m097.$
2. 5 pouces 5 lignes — $0^m147.$
3. 2 pouces 3 lignes — $0^m061.$
4. 8 pouces 6 lignes — $0^m230.$
5. 7 pouces 8 lignes — $0^m208.$
6. 5 pouces 9 lignes — $0^m156.$

Prisme à six pans.

1. 5 pouces 5 lignes — $0^m147.$
2. 6 pouces — $0^m162.$
3. 7 pouces — $0^m189.$
4. 4 pouces — $0^m108.$
5. 7 pouces — $0^m189.$
6. 3 pouces — $0^m081.$

Prisme à six pans.

1. 8 pouces — $20^m17.$
2. 4 pouces 9 lignes — $0^m129.$
3. 3 pouces 8 lignes — $0^m099.$
4. 4 pouces 6 lignes — $0^m122.$
5. 3 pouces 3 lignes — $0^m088.$
6. 4 pouces — $0^m108.$

[1] *Voyez* la planche 12e.

Prisme à six pans.

1. 9 pouces — 0^{m}244.
2. 7 pouces 10 lignes — 0^{m}212.
3. 7 pouces — 0^{m}189.
4. 1 pouce 8 lignes — 0^{m}045.
5. 4 pouces 3 lignes — 0^{m}115.
6. 6 pouces 6 lignes — 0^{m}176.

Prisme à sept pans.

1. 5 pouces 9 lignes — 0^{m}156.
2. 2 pouces 4 lignes — 0^{m}063.
3. 4 pouces — 0^{m}108.
4. 4 pouces — 0^{m}108.
5. 3 pouces 6 lignes — 0^{m}095.
6. 3 pouces — 0^{m}081.
7. 5 pouces 6 lignes — 0^{m}149.

Prisme à sept pans.

1. 4 pouces — 0^{m}108.
2. 5 pouces 6 lignes — 0^{m}149.
3. 6 pouces 3 lignes — 0^{m}169.
4. 1 pouce 6 lignes — 0^{m}041.
5. 5 pouces — 0^{m}135.
6. 4 pouces 8 lignes — 0^{m}146.
7. 4 pouces 4 lignes — 0^{m}117.

Prisme à sept pans.

1. 2 pouces 6 lignes — 0^{m}068.
2. 3 pouces — 0^{m}081.
3. 6 pouces 3 lignes — 0^{m}169.
4. 3 pouces — 0^{m}081.
5. 6 pouces 4 lignes — 0^{m}171.
6. 3 pouces 6 lignes — 0^{m}095.
7. 6 pouces — 0^{m}162.

Le lecteur nous saura gré sans doute de terminer la description de l'une des îles les plus remarquables des Hébrides par une Notice minéralogique sur les basaltes qui la composent. De longues recherches dans les ouvrages scientifiques m'ont mis à même de présenter ici le tableau des principales idées qu'ont fait naître les basaltes, sans prétendre juger en dernier ressort. Je crois, puisque j'ai visité ces îles, pouvoir émettre mon opinion particulière. Les savans confinés dans leurs cabinets, dans leurs musées, loin des phénomènes qu'ils sont appelés et qu'ils aspirent à juger, s'y livrent souvent à des spéculations peu en harmonie avec la réalité. Le voyageur qui s'est rendu sur les lieux, qui a promené sur les scènes de la nature un œil scrutateur, qui a consulté les habitans, tient compte de toutes les circonstances, et peut ainsi parvenir plus réellement à la vérité. Du moins il ne se laisse pas aller aux charmes d'une imagination qui, le plus souvent, se prête sans peine à la création de tout système que l'on embrasse, et qui adopte des chimères avec d'autant plus de facilité, qu'ignorante de la réalité, elle ne se sent point contrariée par elle. Les opinions émises jusqu'à ce jour sont tout-à-fait opposées sur la formation des basaltes : les uns attribuent cette formation aux eaux de la mer, et, d'après leur système, on les a nommés NEPTUNIENS; les autres, pensant que les basaltes sont produits par les volcans sous-marins, ont été appelés VULCANISTES, ou plus poétiquement, PLUTONIENS, du nom de la divinité qui préside aux enfers. S'il m'est permis d'avoir un avis dans une cause qui a ému les savans de toutes les contrées, et de me ranger sous la bannière de l'un des deux camps, je dirai qu'une inspection très-attentive de l'île de Staffa me décide en faveur du système des Plutoniens.

A la première vue de l'île, il est impossible de ne pas être persuadé que ces colonnes ont surgi de la mer ; elles s'élèvent perpendiculairement, et semblent être parties toutes à la fois du fond des flots. Je pense qu'elles ont été poussées par une très-violente éruption, et que la pâte volcanique, dans un état complet d'incandescence et de fusion, ou bien avait déjà, par une cause quelconque, cette disposition prismatique, ou bien l'acquit subitement par son contact avec les eaux de la mer.

Ce serait une expérience à faire que celle de réduire, par un feu très-violent, des morceaux de basalte à un état complet de fusion, et de les plonger dans les eaux de la mer; peut-être obtiendrait-on ainsi par cette immersion, qui saisirait la coulée de basalte, des formes prismatiques.

Quoi qu'il en soit de cette expérience, que je regrette de n'avoir point faite, la contemplation des lieux m'a donné la certitude que les colonnes se sont élevées dans un état de pâte et d'incandescence : c'est ce que je vais chercher à démontrer par la description et la position des colonnes basaltiques.

On conçoit qu'au moment d'une telle éruption, qui poussait violemment en dehors, et du fond d'une fournaise au plus haut degré d'ébullition, les colonnes de ce palais, rouges, incandescentes, encore molles, les flots de la mer ont dû s'émouvoir, et qu'une tempête des plus violentes déploya toutes ses fureurs pendant ce combat entre ces puissances colossales du feu et de l'eau ; les vagues ont dû battre avec rage ces colonnes brûlantes, qui sans doute commençaient ·à se refroidir au moment même où elles ont surgi du cratère sous-marin. De cette attaque si énergique, il est résulté qu'une partie des colonnes, encore molles, a subi de brusques courbures, et s'est dessinée sur l'onde comme la carcasse d'un vaisseau de haut bord échoué sur le côté. Ces effets se remarquent parfaitement à la côte orientale de l'île, où les colonnes courbées forment la péninsule de Boo-Sha-la [1].

Les eaux qui battaient tout autour de l'île ont dû former ces anfractuosités plus ou moins profondes qui découpent tout son contour.

Relativement à la grotte de Fingal, et aux autres cavernes plus petites qui se trouvent autour de l'île, l'hypothèse PLUTONIENNE me paraît aussi en donner une explication très-satisfaisante. Au moment où les colonnes incandescentes se sont élevées, les flots ont dû les couvrir. Là où les vagues ont eu le plus de force, elles ont contraint le fût basaltique à se courber; mais dans les parties intérieures, les colonnes, ayant eu un plus long espace de temps pour se refroidir, sont restées debout et perpendiculaires. Les groupes qui forment l'île entière se sont refroidis plus lentement, et ont acquis toute leur perfection prismatique.

Quant à la formation de l'intérieur de la grande caverne et des autres plus petites, il se présente ici un phénomène des plus simples, qui a lieu fréquemment dans tous les laboratoires de chimie : les colonnes qui forment les deux côtés ont été refroidies par les eaux, et sont restées debout; celles du centre, se conservant plus brûlantes et plus molles, sont peu à peu retombées, et ne se sont arrêtées que lorsque les eaux les auront refroidies; en effet, celles qui forment le parquet du fond du petit canal qui est au centre de la caverne ne sont qu'à neuf pieds au dessous de la mer, parce que là elles ont été

[1] *Voyez* la planche 7 [f].

assez refroidies pour se soutenir. Ce phénomène me paraît d'autant plus évident, que les formes prismatiques qui sont dans l'étendue de la voûte de la caverne correspondent parfaitement avec celles qui forment le fond du canal et les deux trottoirs qui règnent des deux côtés de la caverne : ces trottoirs ne sont pas descendus aussi bas que le parquet du canal, parce que les colonnes du milieu étant les plus incandescentes et les plus liquides, sont retombées d'abord, et que l'eau ayant pénétré, les colonnes situées immédiatement à côté de celles-ci ont été un peu plus tôt refroidies, et se sont arrêtées dans leur chute à sept ou huit pieds au dessus du niveau de la mer.

Ce phénomène se renouvelle sans cesse dans les ateliers de l'art culinaire, pour obtenir des formes déterminées. Après avoir mis dans un vase des mélanges propres à se cristalliser, on les réduit, par un feu violent, à un état complet de fusion ; on place le vase dans un baquet d'eau très-froide : toutes les parties du mélange, adhérant aux parois de l'intérieur du vase, sont saisies, se refroidissent et se durcissent. On renverse le vase ; les parties du centre, encore chaudes et sans adhésion, retombent, et forment des ruines bizarres qui imitent plus ou moins des grottes et des cavernes.

On me pardonnera cette digression, sur laquelle j'appelle toute l'indulgence du lecteur. Je vais terminer par l'exposé de quelques recherches plus scientifiques, et par un tableau des lieux où se trouvent accumulées les masses de basaltes ; il s'en rencontre presque par toute la terre ; et après avoir admiré ceux des îles Hébrides, l'année suivante j'en rencontrai moi-même des masses considérables en Italie, dans l'intérieur même des terres.

Nous ne dirons pas, avec Malte-Brun [1], que le caractère principal du basalte est sa configuration, quoique cette configuration ait attiré sur les masses basaltiques l'attention des voyageurs et des savans. Nous ne dirons pas non plus, avec Bergmann [2], que le basalte se compose presque exclusivement de silice et de fer, et que, par conséquent, il est identique au trapp, dont il ne s'éloigne que parce qu'il enveloppe souvent des cristaux de péridot [3] auxquels le trapp est étranger, et, parce que, soumis à une forte chaleur, il donne un verre noir et opaque, tandis que le verre obtenu du trapp par les mêmes moyens est transparent et verdâtre. Nous nous bornerons à le définir, comme l'habile géologue M. Cordier, par les mots de pâte lithoïde pyroxéneuse, ou de pyroxène compacte, qui, dès-lors, deviendront pour nous synonymes des laves argilo-ferrugineuses homogènes de Dolomieu, des laves basaltiques uniformes de Haüy, enfin des basaltes trappéens grauenstein et laves proprement dites de Werner.

Si cependant on veut analyser la composition chimique et la texture de la roche, on

---

[1] *Précis de la géographie universelle*, tome II, page 262, édition de 1812.

[2] *De productis vulcaniis.*

[3] *Voyez* FAUJAS de Saint-Font, *Essai de géologie*, tome II, page 269.

devra se rappeler que, selon M. Cordier [1], toutes les pâtes lithoïdes dues, soit aux courans de lave moderne, soit à des courans sans doute antérieurs aux temps historiques, soit enfin à des lambeaux de courans dont la pâte peut être plus ou moins contestée, se trouvent être des granits microscopiques dans lesquels l'uniformité du tissu entrelacé n'est interrompue que par de très-petites vacuoles. Les granits semblent donc tous homogènes. Les minéraux élémentaires qui les composent sont peu nombreux (cinq au plus) et ne forment que des combinaisons ternaires ou quaternaires ; et même ordinairement, dans ces combinaisons prédominent toujours, tant à cause de l'abondance que par l'influence de leurs propriétés, deux substances qui jouent un grand rôle dans la nature, le feld-spath et le pyroxène. Rares ou absolument masqués, les autres élémens n'exercent aucune influence caractéristique. Minéralogiquement donc, ces pâtes lithoïdes se divisent en deux classes, savoir les lithoïdes feld-spatheuses et les lithoïdes pyroxéneuses. C'est à celles-ci que M. Cordier donne le nom de basalte, tandis que les lithoïdes feld-spatheuses reçoivent de lui celui de leucostine. Dans cette pâte pyroxéneuse, ou basalte, se trouvent, outre le pyroxène et le spath, quelques particules de péridot, d'amphyène et de fer oligiste ; la leucostine au contraire contient, avec les deux mêmes élémens principaux, mais dans une proportion inverse, le mica, l'amphibole et l'amphyène.

Les substances pyroxéneuses pâteuses lithoïdes sont ensuite divisées ou subdivisées ultérieurement, 1° en non altérées et altérées ; 2° en types divers. Les basaltes forment le type I de la seconde section.

On distingue le basalte en plusieurs variétés : 1° relativement à la configuration ; 2° relativement à la structure qu'il affecte.

Relativement à la structure :

1° Le basalte compacte (autrement, lave lithoïde basaltique uniforme, lave argilo-ferrugineuse, basalte trapéen, lave compacte de Werner) ;

2° Le basalte écailleux (syn. : lave basaltique écossaise de Dolomieu) ;

3° Le basalte granulaire (lave basaltique granulaire de Faujas de Saint-Fond, ou grauenstein de Werner).

M. Brongniart [2] distingue les variétés de structure par les épithètes de porphyritique, d'étoilé et d'amygdaloïde.

Relativement à la configuration, on distingue les basaltes prismatiques, les basaltes en tables ou tabulaires, les basaltes sphériques ou en boules. Ces deux dernières formes sont les plus rares : les tables, surtout, ne sont le plus souvent que des plaques minces de très-peu d'étendue et d'épaisseur inégale. Les boules, dont le diamètre varie de deux à sept décimètres, se composent de couches concentriques ou de prismes disposés en

---

[1] *Mémoire sur les substances minérales dites en masse qui entrent dans la composition des roches vol-* caniques, lu à l'Institut les 16 et 30 octobre, etc., p. 83.

[2] *Dictionnaire des Sciences naturelles*, Levrault.

rayons divergens. Les environs de Pradella, en Vivarais, présentent beaucoup de ces masses basaltiques en boules.

Quant aux prismes, ils offrent à l'observateur plusieurs particularités qui toutes méritent d'être notées et prises en considération par quiconque veut se faire une idée des révolutions qui ont travaillé les flancs de notre planète, et qui ont donné à sa surface l'aspect sous lequel elle se montre aujourd'hui.

Tantôt ces prismes sont irréguliers, à pans raboteux et âpres, informes, courbés en arcs de cercle, etc., plus semblables à des pyramides tronquées ou à des polyèdres bizarres qu'à des prismes.

Tantôt, au contraire, non-seulement ils s'élèvent ou s'allongent en colonnes rectilignes, mais encore ils présentent des arêtes vives, des pans lisses, une régularité parfaite; il arrive même quelquefois que les plans parallèles qui terminent le prisme, et dont l'intervalle termine la hauteur du solide, sont des polygones équilatéraux.

Tantôt les prismes s'élèvent en colonnes verticales, tantôt ils sont couchés horizontalement et par faisceaux énormes; le plus souvent leur inclinaison à l'horizon varie, et on trouve les masses basaltiques formant avec lui un angle de plus ou moins de degrés. Mille groupes élégans ou bizarres naissent de ces diverses positions : ici vous voyez une immense colonnade, mais dont tous les fûts sont serrés les uns contre les autres, s'étendre presque à perte de vue, et s'élever sur un niveau à peu près le même partout. Là ces prismes verticaux n'arrivent point à la même hauteur, et forment comme un escalier; quelquefois les assises qui forment chaque marche de cet escalier se trouvent elles-mêmes composées d'une multitude de piliers prismatiques de hauteurs égales, et leur ensemble devient un amphithéâtre gigantesque. Ailleurs, le sol que foulent les pieds ne se compose que des plans supérieurs du prisme, et ressemble à un plancher de carreaux pentagonaux ou hexagonaux.

Quelquefois les prismes sont d'une seule pièce, et en quelque sorte d'un seul jet; le plus souvent ils sont articulés, c'est-à-dire qu'un même fût se compose de prismes peu élevés, superposés les uns aux autres, à peu près comme les pierres qui entrent dans une colonne, si ce n'est que presque toujours, dans ce cas, les sommets des prismes partiels cessent d'être planes, sont concaves, et reçoivent la base convexe du prisme superposé.

Il est rare de trouver des prismes triangulaires ou quadrangulaires; les colonnes pentagonales et hexagonales sont les plus communes; quelquefois enfin le fût basaltique a sept, huit, et même neuf pans.

Les diverses espèces de basaltes, relativement à leur forme et à leur structure, ont été classées ainsi qu'il suit par Faujas de Saint-Fond [1] :

[1] *Essai de géologie*, tome II, pages 413 et suivantes.

1ʳᵉ DIVISION. *Laves compactes, noires, homogènes, informes.*
1. *A grain fin* (à Otaïti, à Staffa, aux environ de Rome, de Darmstadt, aux monts Enganems, à Rochemaure en Vivarais, en Auvergne, etc.).
2. *A grain rude* (au mont Maissner, près de Göttingue, à Besse-Casses, aux environs de Rochemaure en Vivarais).
3. *A contexture écailleuse* (à Stolpe en Misnie, à l'île de Bourbon, au mont Mésin en Vivarais).

2ᵉ DIVISION. *Laves compactes, homogènes, prismatiques, à trois, à quatre, à cinq, à six, à sept, à huit et à neuf pans.* (Ces dernières sont fort rares; il en existe au pied de la grotte de Fingal à l'île de Staffa, etc.).
1. *En prismes d'un seul jet* (à Staffa, à Ex-palli en Vivarais, etc.)
2. *En prismes coupés transversalement* (au pont de la Beaume en Vivarais).
3. *En prismes articulés*, concaves d'un côté, convexes de l'autre (la chaussée des Géans d'Antrim, la rive gauche de la Volane, près du pont de Bridon, etc.).

4. *En prismes comprimés latéralement* (à Rochemaure en Vivarais).
5. *En prismes arqués* (l'île de Staffa, dans le lieu appelé Boo-Sha-la).

3ᵉ DIVISION. *Laves avec des angles et des faces d'une régularité si apparente qu'elles ont un faux aspect de cristallisation.*
1. *En pyramides tétraèdres.*
2. *En pyramides quadrangulaires.*
3. *En pyramides aplaties* (on trouve ces laves en Auvergne et ailleurs).

4ᵉ DIVISION. *Laves en tables.*
1. *En tables épaisses* (au mont Mésin, aux monts Coucrous en Vivarais, etc.).
2. *En tables minces* (à Rochemaure en Vivarais, à l'île de France, à l'île de Bourbon).

5ᵉ DIVISION. *Laves en boules.*
1. *En boules solides* (à Ténériffe).
2. *En boules creuses* (à l'île de Bourbon).
3. *En boules à feuillets concentriques* (au Vésuve, à Castel-Gemberts, dans le Vicentin, à Montechio, Precalcino, etc.).

L'inspection de ce tableau nous fait connaître, outre les divisions naturelles des basaltes, les lieux, sinon les plus célèbres, du moins les plus souvent visités et les plus exactement décrits, où se trouvent ces rochers remarquables. A vrai dire, il n'est presque aucun terrain, aucune contrée qui n'en offre des échantillons plus ou moins considérables.

Ici la roche basaltique (exemple : le Vivarais, le Schneegrube du Riesengebirge, les îles écossaises) sort de la manière la plus évidente du granit ; là (dans le Mühlberg et le Kieferberg en Silésie) il pose sur le gneiss ; ailleurs on le voit s'élever sur un terrain de traumate, ou sur le mica schiste ; souvent ce sont des roches calcaires compactes alpines ou conchyliennes qui lui servent de piédestal ; plus souvent encore il est venu recouvrir, ou peut-être il a percé le grès (car on flotte entre ces deux hypothèses) ; tantôt ce sont des masses énormes, affectant les formes les plus diverses, comme on vient de le voir ci-dessus ; tantôt des espèces de filons, et en quelque sorte des veines de roches ou terrains basaltiques élevés et épanchés au dessus des terrains primordiaux, et de sédimens de toutes les époques.

L'ancien continent et le nouveau monde, la terre ferme et les archipels de la Polynésie, la zone torride et les plaines glacées, empire des nuits de six mois et d'un froid de toute l'année, ont de temps immémorial présenté le spectacle de leurs colonnades, de leurs boules, de leurs tables basaltiques, soit à leurs sauvages habitans, soit aux société élégantes et polies, éphémères maîtresses de leur sol prismatique. Ces vastes débris de révolutions inconnues, ces ébauches énormes d'une puissance à la fois destructrice et créatrice, ont toujours frappé les yeux et ont été dotés, par leurs spectateurs, de noms qui expriment encore l'impression de respect, de stupeur, de prodige faite par ces massifs sur l'esprit des antiques générations : ce sont, en Islande, les murs du Diable ; dans l'Irlande, la chaussée des Géans ; en Ecosse, la grotte de Fingal, quoique peut-être cette traduction de l'expression gaélique *an-oua-fine* ne soit due qu'à une erreur, si véritablement le seul nom indigène originaire de la grotte est *an-oua-vine*, c'est-à-dire la *Grotte mélodieuse*.

Dans le fait, il est impossible, même au voyageur né dans les régions civilisées, et dont l'œil s'est promené tour à tour, et sur les chefs-d'œuvre de l'architecture humaine, et sur les ouvrages bien plus magnifiques encore de la nature, de ne pas se sentir subjugué de nouveau, par l'admiration, à l'aspect de ces masses colossales lancées, en quelque sorte au hasard, et de manière cependant à produire tant d'effet et de beauté par des forces qui dépassent des millions de fois celles de l'homme. Si la régularité extrême qui préside à la construction des monumens humains ne se retrouve pas dans toutes les parties, dans tous les détails de ces masses antédiluviennes, de combien ces majestueuses négligences de la nature rehaussent encore la beauté de son ouvrage, où l'irrégularité, l'incohérence des détails disparaît dans l'effet imposant et un de l'ensemble ! Une main plus puissante que celle des Romains a élevé, en se jouant, l'enceinte brisée du cirque d'Achnacregs, dans l'île de Mull. Ni Chersiphron, ni ce Dinocrate, qui voulut tailler le mont Athos en statue d'Alexandre, n'auraient jeté le plan de Staffa, d'une île entière composée de blocs prismatiques de toute hauteur, de tout diamètre, verticaux, horizontaux, inclinés. La colonne basaltique sur laquelle pose l'île comme un fronton, cette immense colonnade, avec ses golfes, ses sinuosités, ses renflemens, laisse bien loin derrière elle la façade du Louvre ; et le sanctuaire de Fingal ne redoute point d'Érostrate. Ces vastes faisceaux qui parsèment le sol de Fœroe, semblent avoir été laissés là par les licteurs d'un roi des géans de la chaussée qui termine au nord les terres d'Antrim, construite, on le dirait, par et pour ses sujets. Quelle autre race aurait voulu descendre par ces énormes échelons, de ses champs à la mer ? quelle autre aurait siégé sur les gradins de cet amphithéâtre colossal ?

Nous ne nous arrêterons pas ici à décrire chacune des localités dont le nom se trouve placé dans cette esquisse ; toutes ont été le sujet de monographies, de dissertations, de descriptions spéciales ; longueur, largeur, profondeur, inclinaison à l'horizon, on a tout examiné, mesuré, consigné dans les livres ; peu s'en faut qu'on en ait compté les tronçons de colonnes épars de tous côtés et en tous sens sur le sol.

Mais à quelle puissance sont dues ces masses si différentes des autres roches répandues dans la nature? Évidemment il n'y a point ici de cristallisation, quoique quelquefois les angles et les faces du solide basaltique soient d'une régularité si remarquable, qu'ils présentent à un œil inattentif tout l'aspect d'une cristallisation. On a été obligé d'employer, pour exprimer ce mode de formation, le terme, du reste ancien, de coagulation. En effet, il est évident que toutes les pâtes lithoïdes, après être entrées par une cause quelconque dans un état de fusion pâteuse, se sont coagulées. Mais comment et par l'intermède de quels agens la fusion a-t-elle eu lieu? et pourquoi, dans la coagulation, certaines roches ont-elles pris la forme prismatique?

Werner [1], en portant ses recherches sur la nature des roches basaltiques, et plus spécialement encore sur leur gisement, a été amené à soupçonner que ces substances s'étaient formées à une époque tout-à-fait distincte, et par des causes totalement différentes de celles qui ont donné naissance aux diverses espèces de terrains et de roches. Par exemple, une dissolution mécanico-chimique d'une nature particulière aurait couvert indistinctement toute la superficie de notre planète, et bientôt des précipités analogues à la nature de la dissolution, mais différens les uns des autres, se seraient déposés sur le sol. La première période n'aurait vu que des sédimens purement mécaniques, des graviers, des argiles; ensuite seraient venus les schistes argilo-siliceux, dits ouèques, dans lesquels s'aperçoit déjà un commencement de cristallisation confuse; mais bientôt ces cristaux rudimentaires auraient disparu pour faire place à des précipités cristallisés, tels que les porphyres schisteux, les grauensteins, etc. Les basaltes auraient été le produit de l'époque de transition qui nous mène, des ébauches de la cristallisation, au temps où la dissolution parvint à un état purement chimique [2].

Cette hypothèse aurait l'avantage de fournir une explication plausible des cônes basaltiques isolés que souvent on voit s'élever au milieu d'un terrain différent d'eux par sa nature. On conçoit, en effet, que les parties les moins cristallisées du *solutum* basaltique (celles par exemple qui étaient mêlées d'argile et de gravier) aient pu entrer en décomposition, et être entraînées avec d'autres terrains, par des courans d'eau, loin des flancs des montagnes qui en étaient recouvertes. De cette disparition naturelle des couches basaltiques inférieures résultent certainement une forme et une position bien voisines de celles que présentent les cônes dont nous parlons. Mais il est à remarquer que cette théorie, qui jusqu'ici n'est que gratuite (ne l'oublions pas), et que des observations multipliées peuvent seules faire adopter; que cette théorie, disons-nous, n'explique que le gisement, et non l'origine, des basaltes.

Il reste toujours à déterminer quelle cause a donné naissance à la dissolution des matières constituantes du basalte, et c'est ici que les géologues se divisent en deux sectes, chacune aussi convaincue de l'excellence de ses dogmes, que peu capable de rien

---

[1] *Classification des roches.*

[2] Comp. Daubuisson, *Journal des minéraux.*

offrir de véritablement péremptoire à un auditeur impartial ; aussi est-on plus porté à rire qu'à se fâcher de l'irrévérence d'un jeune géologue anglais (**M.** Daubeny), qui, dans ses heures de loisir, s'est amusé à dresser une échelle *thermométrique* de la chaleur plus ou moins intense que chaque vulcaniste, ainsi que chaque plutoniste ou neptunien, a mise à défendre sa thèse favorite. Selon Dolomieu[1], Desmarest[2], Faujas de Saint-Fond[3], Cordier[4], les basaltes sont des laves fondues par la chaleur des volcans, et qui, en se refroidissant, ont pris par retrait cette configuration prismatique qui est un de leurs traits les plus marquans. Si ces laves offrent un aspect analogue à des roches dont on admet généralement la formation aquatique ; si l'on n'y remarque ni traces de vitrification, ni boursouflemens ; si elles enveloppent des cristaux intacts, et d'autres substances que la haute température des matières volcaniques ambiantes aurait dû faire entrer en fusion (et il existe effectivement plusieurs exemples très-frappans de cette circonstance), c'est[5] que la chaleur qui fondit les laves basaltiques avait peu d'intensité ; c'est que cette fusion n'était guère qu'une dilatation, de telle sorte que les molécules semi-liquéfiées pouvaient bien, il est vrai, glisser les unes sur les autres, mais non changer de nature. Ne voit-on pas souvent les laves ordinaires, même en coulant, avoir la croûte supérieure assez solide et assez refroidie pour qu'on puisse marcher dessus ?

Cette explication, quoique satisfaisante à peu de chose près, a semblé, dans les commencemens, un peu légère à nombre de savans, qui, au lieu de faire dériver les basaltes de l'action du feu, leur attribuent une origine neptunienne. En effet, disent-ils, si la croûte supérieure, déjà solide et froide, est entraînée, c'est que les couches inférieures sont encore en état de liquidité parfaite ; or comment supposer des masses liquides de feld-spath, de pyroxène, de fer titané, sans que la houille qu'elles enveloppent partage l'état de fusion ? Nous disons *enveloppent ;* en effet, il ne faut pas se figurer que l'on trouve seulement quelques couches ou quelques filets de houille adossés au basalte. Dans la Hesse, les basaltes recouvrent d'immenses couches houilleuses ; et dans l'île de Sudéroe, l'une des Fœroe, il sert de toit, de mur et de support à une mine de houille qui est une des plus considérables que l'on connaisse[6]. De plus, ces cônes basaltiques, qu'on rencontre partout superposés aux roches anciennes et secondaires, offrent, d'un côté par ce gisement même, de l'autre par l'absence de cratères, des caractères absolument contraires à ceux des laves et des accumulations volcaniques. Enfin, le basalte subit journellement une décomposition à laquelle toutes les espèces de laves sont étrangères. Le terrain du Ringerike n'est presque partout qu'un basalte décomposé. Il est probable que le peu de terre végétale qui parsème la surface de Staffa n'est pas autre chose. Dans les environs

---

[1] *Mémoires sur les îles Ponces*, page 100.

[2] *Mémoires de l'Académie des sciences*, 1771, p. 273.

[3] *Essai de minéralogie*, tomes I, III, et surtout II ; *Histoire naturelle des laves prismatiques*, etc.

[4] Mémoire cité, etc.

[5] Dolomieu, *Journal de physique*, fructidor an II, page 408 ; pluviose an II, page 118.

[6] Voyez *Mém. de la Société d'hist. nat. de Copenh.*

de Christiania [1], les paysans emploient des fragmens de cette espèce de roche en guise d'amendemens. Ajoutons que l'on trouve des basaltes dans beaucoup de lieux où rien d'ailleurs n'annonce qu'il y ait eu des monts ignivomes.

La plupart de ces difficultés disparaissent d'elles-mêmes, si l'on songe à la distinction des deux périodes, la période saturnienne et la période jovienne, établies et généralement reçues aujourd'hui pour les volcans. Il est tout simple que beaucoup de circonstances de la première ne se soient point renouvelées dans la seconde. D'autre part, en rapportant à l'action du feu la naissance des roches basaltiques, on n'est pas obligé d'admettre que tant de montagnes d'une forme si régulière, d'un groupement si remarquablement symétrique, ne soient que les restes d'un courant, d'une coulée de laves qui se serait avancée progressivement. Le terrain soulevé du pays de Jurallo présente entre autres phénomènes extrêmement curieux [2], celui d'un soulèvement général de la surface du sol, qui, de plus, est hérissé de plusieurs milliers de cônes basaltiques, nommés par les indigènes *hornitos*, c'est-à-dire fours. Une intumescence analogue, mais variable selon que l'on approche ou que l'on est loin encore du temps des grandes éruptions, a été constatée dans les cratères accessibles des volcans enflammés, au fond du vallon circulaire ou allongé qui termine leur sommet [3]. Quant à la décomposition de la roche, qu'offre-t-elle d'extraordinaire, d'après la nature et la proportion des principes qui la constituent? On voit encore tous les jours les *hornitos*, traversés qu'ils sont par des masses de vapeurs acidules et chaudes, ne s'offrir que dans un état de décomposition très-avancé. Enfin, quant à cette circonstance, que les basaltes se trouvent dans beaucoup de lieux où rien n'annonce qu'il y ait eu autrefois des monts ignivomes, elle est rare pour les petits fragmens basaltiques; et, d'ailleurs, quelle conclusion en tirer?

Quoi qu'il en soit, l'opinion la plus répandue aujourd'hui, l'opinion que tout semble tendre à confirmer, est celle des vulcanistes. Dans ce système, l'archipel des Hébrides serait peut-être un produit volcanique, ou du moins devrait sa forme actuelle à l'action réitérée des volcans, quoique aucun cratère n'existe aujourd'hui dans ces parages, soit qu'ils aient été emportés par les eaux, ainsi que les cimes d'où coulait la lave [4], soit enfin que l'on adopte quelqu'autre idée sur cette absence.

Les hautes montagnes qui hérissent le sol de l'Écosse septentrionale, celles qui élèvent leurs têtes énormes au dessus des flots de l'Océan qui gronde à leurs pieds, les caps gigantesques, les pics entre lesquels s'enfonce la mer, et dont le nombre détermine toutes ces déchirures par lesquelles la côte occidentale de l'Écosse est si éminemment caractérisée et si dangereuse, se lient assez naturellement à l'idée de bouleversemens volcaniques, pour

---

[1] *V.* Strom., *Descr. du cant. d'Eger*, p. 47 et suiv.

[2] *Voyez* de Humboldt, *Essai polit.*, t. I, pag. 253; *Nivellement barom. des And.*, n° 370; *Atl. géogr. et phys. du Voyage aux régions équin.*, pl. 28 et 29.

[3] Buch, *Geogr. Beobachtung*, t. II, p. 124.

[4] Faujas de Saint-Fond, *Voyage en Angleterre, en Écosse et aux îles Hébrides*, tome II, pages 121 et suivantes.

que l'on ne rejette pas cette hypothèse comme incompatible avec les faits. Ce ne se-rait pas l'unique exemple de l'alliance, pour nous exprimer plus exactement, de la co-existence des eaux et du feu, d'un froid intense et du principe calorifique se développant avec énergie. Qui n'a entendu parler des nombreuses montagnes volcaniques qui hé-rissent le sol glacé de la péninsule des Kamtchadales ? Qui ne sait aujourd'hui que cette Islande, dont le nom veut dire *pays des Glaces* (*Land ; Ice , ess , eiss*), mériterait tout aussi bien une dénomination équivalente à celle de Terre de Feu ? On ne parle ordinai-rement que de l'Hécla : onze ou douze autres bouches, moins puissantes il est vrai, et quelquefois moins élevées au dessus du niveau de la mer[1], mais non moins terribles[2] pour ceux qui ont le malheur d'en être les voisins[3], y vomissent aussi des flammes ; les eaux chaudes y abondent et fument au sein des glaçons ; les basaltes voisins des laves semblent prendre une voix pour dire : La même cause, les mêmes feux nous ont jetés ici à deux époques différentes. C'est l'empire des contrastes ; et une même latitude, une même élé-vation orographique réunissent la flamme et le froid, l'ébullition et la congélation, la fumée et l'hiver éternel.

---

[1] Nous disons quelquefois ; car, par exemple, le Snœ-fialls-Jokull a 1600 mètres d'élévation absolue, tandis que l'Hécla ne va qu'à 1050 (mesure de Povelsen).

[2] Le Kattla-Giaa, après un repos de soixante-quatre ans, a eu en 1823 une violente éruption ; celle de 1755, qui a précédé le repos, a été encore plus terri-ble, et dura une année entière. La dernière éruption de l'Eyafialla-Jokull a commencé en décembre 1821, pour ne se terminer qu'en juin 1822. Les deux Skap-taa, qui sont voisins l'un de l'autre (8 milles de distance environ), couvrirent en 1783 de leurs laves réunies une superficie de plus de 1200 milles carrés, et ne s'a-paisèrent totalement que pour lancer, pendant plus de l'année encore, des masses pulvérulentes qui ont obs-curci pendant ce temps l'atmosphère de l'île entière. L'Hécla est inactif depuis 1766.

[3] Kattla-Giaa, Eyafialla-Jokull, Grinwain, Skaptaa-Jokull, Skaptaa-Sysset, etc.

NOTES.

A. *Phosphorescence des eaux de la mer.*

La phosphorescence des eaux de la mer est produite, 1° par des mollusques vivans qui répandent à leur gré une faible lueur phosphorique d'une couleur qui est presque constamment bleuâtre, du moins c'est celle que donnent le *nereis noctiluca*, le *medusa Pelagica*, variété ß (Forsköl, *Fauna Ægyptiaco-Arabica*), et le *monophora noctiluca*; 2° par des animaux microscopiques, d'une espèce non encore déterminée, mais que Forster a vus nager en grand nombre sur la mer, près du cap de Bonne-Espérance; 3° enfin par les fibrilles décomposées des mollusques morts, qui se trouvent en grande quantité dans les eaux, et qui les font briller d'une vive lumière. Newton attribuait à l'électricité cette propriété des eaux de la mer qui se manifeste dans les lagunes de Venise, près de Naples et dans la mer d'Écosse.

« D'après l'immense quantité de mollusques dispersés dans toutes les mers de la zone torride, on ne doit pas s'étonner, dit M. A. de Humboldt, *Tableaux de la nature*, que l'eau de la mer soit lumineuse, lors même qu'on n'en peut point détacher de matière organique. La division à l'infini de tous les corps morts des dagyses et des méduses peut faire considérer la mer entière comme un fluide gélatineux, et qui parconséquent est lumineux, a un goût nauséabond, ne peut être bu par l'homme, mais est nourrissant pour plusieurs poissons. Si l'on a frotté une planche avec une partie du corps de la méduse hysocelle, l'endroit frotté redevient lumineux toutes les fois qu'on passe dessus le doigt bien sec. Durant ma traversée, pour aller à l'Amérique du sud, je mettais quelquefois une méduse sur une assiette d'étain; si je frappais l'assiette avec un autre métal, les moindres vibrations de l'étain suffisaient pour faire luire l'animal. Comment, dans ce cas, le choc et la vibration agissent-ils? Élève-t-on momentanément la température? Découvre-t-on de nouvelles surfaces, ou bien le choc fait-il sortir le gaz hydrogène phosphoré, de sorte que, se trouvant en contact avec l'oxygène de l'atmosphère, ou de l'eau de la mer, il vienne à brûler? Cet effet du choc qui excite la lumière est surtout étonnant dans une mer clapoteuse, lorsque les lames s'entrechoquent en tout sens. Entre les tropiques, j'ai vu la mer lumineuse à toutes les températures; mais elle l'était davantage aux approches des tempêtes ou lorsque le ciel était bas, nuageux et très-couvert. Le froid et la chaleur paraissent avoir peu d'influence sur ce phénomène; car sur le banc de Terre-Neuve la phosphorescence est souvent très-forte dans le moment le plus rigoureux de l'hiver. Quelquefois, toutes les circonstances étant d'ailleurs égales, au moins en apparence, la phosphorescence est considérable, pendant une nuit, et la nuit suivante elle est presque nulle. L'atmosphère favorise-t-elle ce dégagement de lumière, cette combustion de l'hydrogène phosphoré? ou ces différences ne dépendent-elles que du hasard qui conduit le navigateur dans une mer plus ou moins remplie de gélatine de mollusques? Peut-être aussi les animalcules luisans ne viennent-ils à la surface de la mer que lorsque l'atmosphère est dans un certain état. M. Bory Saint-Vincent demande avec raison pourquoi nos eaux douces marécageuses, remplies de polypes, ne sont pas lumineuses? Il paraîtrait en effet qu'il faut un mélange particulier de particules organiques pour favoriser ce dégagement de lumière : aussi le bois du saule est-il plus fréquemment phosphorescent que celui du chêne. En Angleterre on a réussi à rendre de l'eau salée lumineuse en y jetant de la saumure de hareng.

« On peut au reste se convaincre par les expériences galvaniques, que l'état lumineux des animaux vivans dépend de l'état d'irritation des nerfs. J'ai vu un elater noctilium, qui se mourait, répandre une forte lueur lorsque je touchais avec de l'étain et de l'argent ses extrémités antérieures. Quelquefois aussi les médulles répandent une lueur plus forte à l'instant où l'on termine la chaîne galvanique. »

B. *Varechs.*

Autour des basaltes de Staffa et des îles circonvoisines se fixent une grande quantité de ces plantes marines qu'autrefois on confondait sous la dénomination générale d'algue, de fucus ou de varech.

La plupart se font remarquer par la bifurcation de la feuille et quelquefois par celle de la tige. Ces plantes ne s'attachent pas à plus de deux ou trois pieds au dessus de la mer calme, mais le moindre flot les baigne et les agite; elles adhèrent aux basaltes d'une manière extraordinaire, car les plus violentes tempêtes ne peuvent les en détacher.

Nous citerons les diverses espèces de varech les plus particulières à ces îles.

1°. Le *fucus articulatus a'* de Smith (*ulva articulata* d'Hudson) qu'il ne faut pas confondre avec son *fucus art. repens*. Tige tubulaire ; articulations cylindriques ovales, nombreuses ramifications. La tige se scinde en deux branches principales qui jettent chacune des filamens secondaires. Abondante dans les eaux et sur les rochers, sur les écueils des comtés de Devon, de Sussex, de Cornouailles, de Dorset, elle se retrouve aussi dans les Westernes, à Iona, à Oransay, à Sky, etc. (*Voir* Lightfoot, *Flora scotica*, 959; comparé à Hudson, pag. 476 de 1re éd., 569 de la 2e).

2°. Le *fucus endiviæfolius* (en angl., *endive-leav'd*), c'est-à-dire à feuilles d'oseille. Ainsi que l'indique ou du moins que le fait pressentir son nom, les feuilles membraneuses, dentelées de ce thalassiophyte, ont, à l'extrémité saillante de leurs dentelures, des pointes frisées avec de petits joints qui offrent l'aspect de verrues. — Point de bifurcations. (*Comp.* Lightfoot, *ouv. cité*, p. 948; et Hudson, 652.) — Habitations principales : la côte d'Iona et le Frith de Forth (continent écossais).

3°. Le *fucus loreus*, à feuilles pointues, comprimées, fourchues, dont la physionomie présente tant de ressemblance avec celle des champignons que plusieurs naturalistes l'ont placée dans cette famille de cryptogames, et que Linnée ne lui donne pas d'autre nom que *fucus fungis affinis*. Voir *Flora Danica*, 710.

4°. Le *fucus pumilus*, variété ou sous-espèce du *fucus pygmæus*. Il a aussi les feuilles fourchues, et l'angle formé par les deux côtés de la fourche est très-grand. Au bout des feuilles sont des vésicules. Fructification globulaire. — C'est à Iona surtout que cette plante tapisse toutes les côtes et tous les rochers.

5°. Les *fucus furcellatus* et *bifurcatus* qui ont l'un et l'autre la plus grande ressemblance et qui tous deux présentent à l'œil de nombreuses bifurcations.

6°. L'*halymenia bifida* (représentée dans Turn., pl. 154; dans Sowerby, *Engl. bot.*, pl. 773; dans Chauvin, *Alg. de la Norm.*, n° 19). — Elle fait partie des floridées de Lamouroux (2e ord. des thalassiophytes symphystisées).

7°. La *dictyota dichotoma* de Lamouroux (*Diss.*, pl. 22, fig. 3; pl. 23, fig. 1 : figurée aussi dans Lightfoot, pl. 34 ; dans Linghye, *Hydrophyt.*, pl. 6; dans l'*Engl. bot.* de Sowerby, pl. 774, et dans les *Alg.* de Chauvin, n° 47). — C'est une des dictyotées, 3e ord. des thal. symph. de Lamouroux.

Peut-être serait-ce à juste titre que l'on joindrait à cette liste

1. L'*amansia multifida* de Lamouroux, *Bull. phil.*, 1809, n° 20, pl. 6, *f*, *c*, *d*, *e*.
2. La *Griffithsia casuarinæ* de Chauvin (*Griff.*

multifida d'Agardh, *Conferva multifida* de Sowerby, *Ceramium casuarinæ* de Decandolle). — Figurée dans Chauvin, *Alg.*, n° 7; et aussi dans Sowerby, *Eng. bot.*, pl. 1816, mais le dessin est inexact.

3. La *Boryna forcipata* de Bory de St-Vincent.

4. L'*ulva laciniata*, abondante sur les côtes de l'île de Jura.

TABLEAU

DES LIEUX QUI PRÉSENTENT DES AMAS DE PRISMES BASALTIQUES

extrait principalement des Institutions géologiques *de* SCIPION BREISLAK *et du* Voyage en Hongrie *de* BEUDANT.

DANS LES ILES BRITANNIQUES

Pavé des Géans dans le comté d'Antrim, en Irlande.

Basaltes colonnaires de Gauliac à la distance de quatre milles au nord de la chaussée des Géans.

Ile de Staffa.

Cirque volcanique d'Ashna-Cregs dans l'île de Mull.

EN NORVÈGE.

Prismes basaltiques, et colonnes couchées horizontalement dans les îles Fœroe.

DANS LA FRANCE.

Courant de lave qui a donné naissance au cratère de la montagne de la Coupe ou pavé de basalte prismatique dans le Vivarais.

Rocher basaltique au haut duquel est placé le château de Rochemaure à une lieu de Montelimar, dans le Vivarais.

Pavé des Géans de Chenavari, dans le Vivarais.

Rocher de basaltes taillé à pic, dit rocher de Maillas, près de St-Jean le Noir, dans le Vivarais.

Pavé des Géans au pont de Bridon, près de Vals, dans le Vivarais.

Laves prismatiques au milieu desquelles jaillit une cascade, près de Vals, dans le Vivarais.

Chaussée en prismes articulés dite du pont de Rigaudel, dans le Vivarais.

Chaussée basaltique du pont de la Beaume, sur le bord de la rivière d'Ardèche, dans le Vivarais.

Chaussée basaltique sur les bords de la rivière d'Aulière, non loin du village de Colombier, dans le Vivarais.

Rocher basaltique qui sert d'appui au pont de la Gueule d'Enfer, dans le Vivarais.

Amas basaltique de Péreneire en Auvergne.

EN ALLEMAGNE.

Amas basaltique sur lequel est bâti le château de Stolpen, en Allemagne.

Plateau basaltique sur la montagne de Meisner dans la Hesse.

Groupes de prismes sur la montagne dite Haseberg, près de Libochowitz, en Bohême.

Montagne basaltique d'Oberwinter sur la rive gauche du Rhin, vis-à-vis d'Unckel.

EN HONGRIE.

Basalte en buttes isolées, autour desquelles on ne peut voir le terrain inférieur : 1° au Calvarienberg de Schemnitz; 2° à Salgó et à Medve; 3° à Somló ; 4° à Sag ; 5° à Tatica ; 6° dans la plaine de Tapolcza.

Basalte en buttes ou en plateau appliqués, 1° sur les conglomérats de porphyre molaire près de Königsberg ; 2° sur le trachyte près de Kieshübel; 3° sur le grès à lignite près de S. Kerest, et à la butte de Somos-Kö et au nord de Medve, à Vindornia-Szóllós, dans la contrée de Balaton, etc.

Butte basaltique à Badatson : on a prétendu à tort qu'il y avait un cratère dans cette butte.

Tufs basaltiques à Fülek et à Miske.

Tufs basaltiques avec veines d'arragonite à Tihani.

Basaltes divers sur les frontières de la Gallicie, dans la contrée de Naging, à Bonihad entre Siklos et Posega en Esclavonie, dans le Banat.

EN ITALIE.

Amas colonnaire basaltique de St-Jean, dans le district de Vérone.

Courant de lave prismatique entre Portici et Torre del Greco, sorti du Vésuve l'an 1631.

Aggrégat colonnaire dit *il monte Diavolo*.

Cône isolé basaltique appelé *Purga di Bolca*, dans le Véronnais.

Butte basaltique entre *Cerealto* et *Altissimo*, dans le Vicentin.

Cônes de prismes dans le vallon de la *Poscola*, dans le Vicentin.

Prismes basaltiques, au milieu desquels coule l'Alpone, dans le Vicentin.

Configurations que le basalte a prises dans la vallée du Gavinello, dépendante du Vicentin.

Amas de prismes basaltiques articulés dans leur partie inférieure, près le hameau de la *Piana*, dans le Vicentin.

Amas colonnaire du vallon de la Cuva, près de Chiampo, dans le Vicentin.

Série de colonnes prismatiques sur la colline *Monte Rosso*, dans les monts Euganéens, à sept milles de Padoue.

Butte basaltique appelée *Pierre de St-Blaise*, dans les monts Euganéens.

Colonnes prismatiques irrégulières placées sur des couches de marne coquillière, dans les monts Euganéens.

Amas colonnaire basaltique de Bolsène.

Basaltes colonnaires de Rocca Rispampani, dans le territoire de Viterbe.

Basaltes prismatiques de la vallée de l'*Infernaccio*, près de la fabrique de vitriol, dans le district de Viterbe.

Amas des laves prismatiques de la vallée du Triponzio, dans le territoire de Viterbe.

Basaltes prismatiques de Ferento.

Prismes sur la face méridionale du mont Somma qui regarde le Vésuve.

Colonnes prismatiques de laves formant les îles des Cyclopes, vis-à-vis de la ville de Catane.

Immenses amas de colonnes prismatiques, la plupart verticales et de cinquante pieds de hauteur, formant la montagne de la Motte, près de Catane.

Promontoire basaltique sur la mer Noire.

Laves basaltiques dans la rivière St-Denis, île de Bourbon.

Bastion basaltique de la plaine des sables, dans l'île de Bourbon.

Bassin des Chites, dans l'île de Bourbon.

Grands amas de laves prismatiques verticales au milieu desquelles s'est ouvert un passage la rivière des Roches, dans l'île de Bourbon.

Basaltes de toutes les formes semés sur la crête des Andes, notamment sur le Pichincha et à l'extrémité de l'Amérique méridionale.

Colonnes basaltiques sur les côtes nord et ouest de la terre de Feu.

Roches basaltiques à la cascade de Regla, au nord-est de Mexico.

Couches basaltiques dans l'Anahuac, plateau central du Mexique.

Laves basaltiques et syenitiques au fond du cratère principal de Jorullo, visité par M. de Humboldt.

Immense assemblage de colonnes basaltiques irrégulières, couchées horizontalement sur les bords du Haut-Missouri près des montagnes Rocailleuses. MM. Lewis et Clarke, qui les ont vues les premiers, les ont prises pour un ouvrage de l'art. Les murs qui résultent de l'entassement de ces masses s'élèvent quelquefois à la hauteur de cent pieds anglais. L'épaisseur, qui varie de un à douze pieds, est constamment la même en haut qu'en bas. Une rangée est posée sur l'autre de manière que chaque pierre de dessus remplit les interstices entre les deux pierres inférieures sur lesquelles elle pose. La coupe d'un mur de ce genre rappelle d'une manière frappante les constructions cyclopéennes.

Nous ajouterons à cette liste, sans doute incomplète, les prismes basaltiques de l'île du Vanikoro, où périt La Peyrouse.

ITINÉRAIRE DU VOYAGE AUX ILES DE SKY, DE STAFFA ET D'IONA
PAR C. L. F. PANCKOUCKE.
INVERNESS
CLANLIG
KNOYDART
ITINÉRAIRE
ARDNAMURCHAN
MORVEN
APPIN
ILE DE
MULL
BENEDERALOCH
LORN
ARGYLE
Ile Kerrera
STIRLING
Loch Lomond
ILE D'ISLAY
CARTE DU LAC DE ZURICH
CANTON DE ZÜRICH
OCÉAN ATLANTIQUE

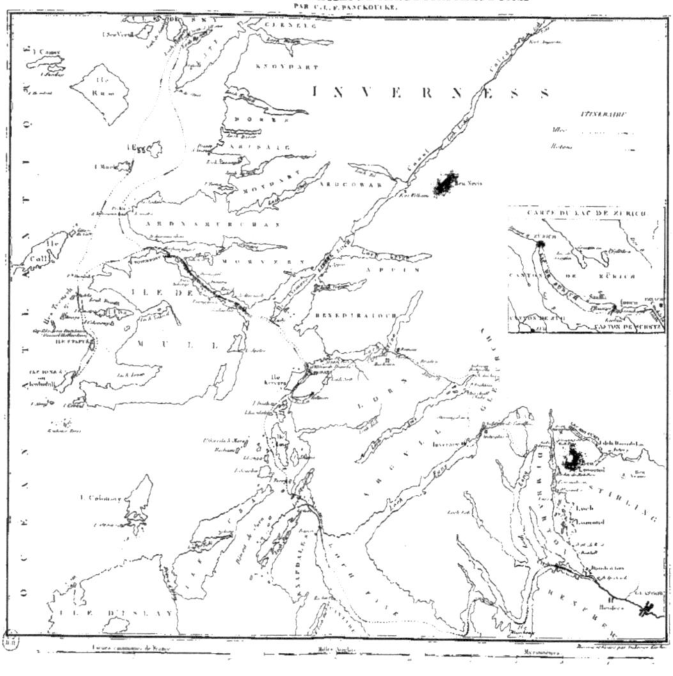

Pl.

Île de Staffa.

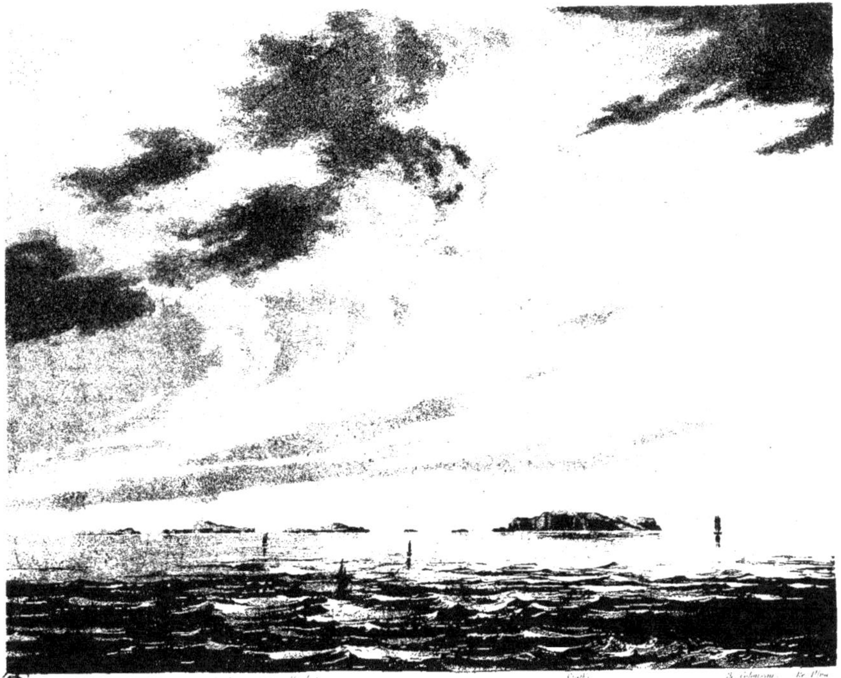

VUE DE L'ILE DE STAFFA.

dessiné sur les lieux par L. J. F. Vanhoucke

Ile de Staffa.

VUE DE L'ILE DE STAFFA,

Île de Staffa.

VUE DU SIÈGE DE FINGAL.

Dessiné sur les lieux par A.J.F. Panckoucke.

Ile de Staffa.

INTÉRIEUR ET FOND DE LA GROTTE BASALTIQUE DE STAFFA.

dessinée sur les lieux par L. J. P. Stanislawski

Ile de Staffa.

ENTRÉE DE LA GROTTE BASALTIQUE DE L'ILE DE STAFFA,

Dessiné sur les lieux par L. J. F. Taubenheim.

Ile de Staffa.

VUE DU PLATEAU SUPÉRIEUR DE L'ILE DE STAFFA,

COTÉ ORIENTAL DE L'ILE DE STAFFA,

VUE DE L'ILE ET DE L'ENTRÉE DE LA GROTTE DE STAFFA,

VUE DE L'ILE DE STAFFA,

VUE DE L'ILE DE STAFFA,

dessiné sur les lieux par C. L. F. Panckoucke

COUPE DE L'ILE DE STAFFA,
sur la largeur de la grotte

COUPE DE L'ILE DE STAFFA,
sur la profondeur de la grotte

Dessiné par L. Bouchardon.　　Imprimé par Kaeppelin.　　Gravé par Salathé.

Île de Staffa.

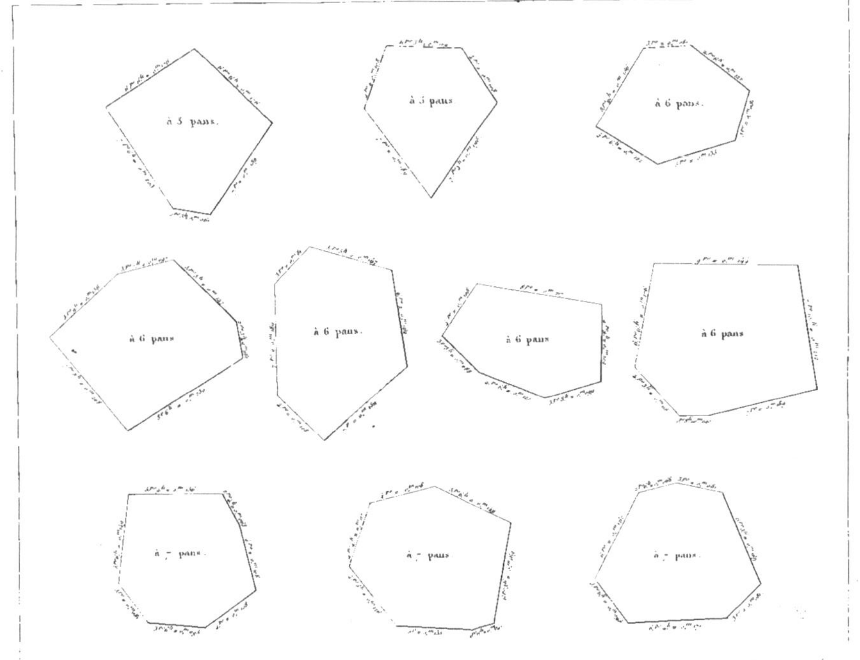

CONFIGURATION GÉOMÉTRIQUE DE DIX PRISMES BASALTIQUES

Imprimé par Rémond

Dessiné et gravé par Ambroise Tardieu

9 782329 688688